Angelika Sinn

Keine Bleibe

Angelika Sinn

# KEINE BLEIBE

## Lebensgeschichten wohnungsloser Frauen

Mit einem Vorwort von Markus Ostermair

Osburg Verlag

Mit Fotos von Rike Oehlerking.

Die kursiv gesetzten Texte entstammen
der *frauenzimmer*-Schreibwerkstatt.

Auf Wunsch der Frauen werden sie in den Geschichten nur mit Vornamen genannt, manche anonymisiert. Auch die Namen der in den Geschichten vorkommenden Personen wurden geändert, ebenso einige Ortsnamen.

Erste Auflage 2024

Lektorat: Bernd Henninger, Heidelberg
Korrektorat: Hilke Ohsoling, Lübeck
Satz: Hans-Jürgen Paasch, Oeste
Druck und Bindung: CPI books GmbH, Leck
Printed in Germany
ISBN 978-3-95510-347-7

Mit freundlicher Unterstützung von

Die Senatorin für Gesundheit,
Frauen und Verbraucherschutz

KARIN UND
UWE HOLLWEG
STIFTUNG

Die Autorin dankt zudem den Mitarbeiterinnen des Tagestreffs *frauenzimmer*, vor allem der Leiterin Britta Pundt und der Koordinatorin Ana Küntzel

# Inhalt

# Vorwort

Ich glaube, dass ich von mir behaupten kann, nicht mehr ganz grün hinter den Ohren in Bezug auf das Thema Obdachlosigkeit gewesen zu sein, als ich Anfang der 2000er-Jahre meinen Zivildienst in der evangelischen Bahnhofsmission München antrat. Zumindest hatte ich im Bewerbungsgespräch mit der Leiterin keine Illusionen darüber gehabt, dass ich die Menschen auf der Straße mit meiner Arbeit irgendwie »retten« könne. Ich hatte sogar gesagt, dass das Wort »helfen« eigentlich schon übertrieben sei. Das war der Hauptgrund, dass ich die Stelle dann auch bekommen habe, denn sie sagte, es gäbe viele, die die komplexen Problemlagen der Menschen unterschätzen würden und dann enttäuscht seien, wenn sie nach ein paar Wochen oder Monaten keine Fortschritte sähen.

Illusionen oder einen Hilfekomplex hatte ich also nicht, aber Erfahrungen mit obdachlosen Menschen freilich auch nicht. Ich wuchs in einem Dorf auf, da gab es niemanden, der draußen schlief. In der nächstgrößeren Stadt gab es einen zerzausten älteren Mann mit wild wucherndem Bart, den ich oft in der Nähe einer Tankstelle oder auf der Rückseite von Supermärkten sah und als Obdachlosen wahrgenommen habe. Mit ihm gesprochen habe ich jedoch nie. Neugierig beobachtet habe ich ihn aus der Ferne, und mich gefragt, was wohl passiert ist in seinem Leben, dass er nun so …, nun ja, verwahrlost seine Tage verbrachte. Ich war auch immun gegen die Behauptung, dass Obdachlose freiwillig so leben, wie sie leben, und auch vor so simplen Antworten wie »selber schuld«, weil das eben der »Lohn der Faulheit« ist, hütete ich mich. Das ewige Konkurrenzdenken, in dem Armut und letztendlich auch der Verlust der Wohnung als quasi legitime Strafe für die »Ungebildeteren, Undisziplinierteren, Träumenden, Schwächeren« usw. erscheinen, war mir immer schon suspekt. Die Menschen sind komplexer gestrickt ebenso wie die gesellschaftlichen Verhältnisse, wo die einen oben stehen und sich immer weiter abschotten hinter hohen Mauern und getönten Scheiben, während andere auf dem Präsentierteller Fußgängerzone sitzen und die Hand aufhalten oder in Mülltonnen wühlen.

Während meiner Zeit in der Münchner Bahnhofsmission habe ich enorm viel dazugelernt, eben weil ich Erfahrungen sammeln konnte, sowohl im direkten Kontakt mit Betroffenen als auch indirekt durch die Erzählungen der vielen haupt- und ehrenamtlichen Kolleginnen. Meist ging das Lernen nebenbei, als mir zum Beispiel in einem meiner ersten Beratungsgespräche, die ich nach einer längeren Anlernphase allein führte, ein Mann gegenübersaß, der einen Doktortitel trug. Ich hatte von dem Mann, der stark nach Alkohol roch und sehr schmutzige Klamotten anhatte, den Ausweis verlangt, da ich seine Daten für ein Formular benötigte, und ich erinnere mich noch, wie verblüfft ich über den Zusatz »Dr.« in seinem Pass war. Da saß ich nun mit meinen Anfang zwanzig, als ich noch entfernt mit dem Gedanken spielte, nach dem Zivildienst mein Abitur nachzumachen. Und mir gegenüber saß ein Mann, der gut dreißig Jahre älter war als ich und der den höchsten Bildungsabschluss in diesem Land erworben hatte, seine Papiere dokumentierten es. Und trotz alledem war ich der Chef in diesem Büro, das bezeugten die Sitzposition, die Körperhaltungen, die Verteilung der Sprechakte »Frage« und »Antwort« auf mich bzw. ihn.

Die Frage, die mich aber schon als Jugendlicher umgetrieben hatte, nämlich was vorgefallen war in dem Leben dieses Mannes, das ihn von den Fachbibliotheken, Hörsälen und vielleicht auch Laboren für immer hinaus auf die Straße bugsiert hatte, blieb unbeantwortet. Ich traute mich nicht, sie zu stellen. Hätte er sich etwa vor mir gänzlich offenbaren sollen? War ich der Richter, der über die vermeintlichen Verfehlungen in seinem Leben zu entscheiden hatte? Mir war diese verhörartige Situation, die aus der Sicht der bürokratisierten Institution durchaus verständlich war, ohnehin schon unangenehm genug. Wie musste es sich wohl für ihn angefühlt haben? Ich weiß und wusste so vieles nicht. Und ebenso vieles habe ich in der Zwischenzeit vergessen: Wie der Name des Mannes war, was genau er sich von dem Beratungsgespräch erhofft und wie er genau ausgesehen hatte. Das verschwamm in der Masse an Männern, die täglich über die Schwelle der Bahnhofsmission am Gleis 11 in München traten. Von den Stammgästen abgesehen, verschmolz sie die Aufmachung der Armut zu einer von mir nicht mehr richtig zu unterscheidenden Einheit. Nur die Frauen stachen aus dieser Masse heraus. Es waren zwar auch weniger, doch der Hauptgrund dafür war, dass die allermeisten von ihnen anders als die Männer auf den ersten Blick nicht als arm zu identifizieren waren.

Auch das ist eine meiner frühen, beschämenden Erfahrungen aus dem Zivildienst, dass ich deshalb sogar eine hauptamtliche Sozialarbeiterin ansprach. Ich fand es irgendwie ungerecht, dass Frauen, die offensichtlich noch Geld für Schminke übrighatten und auch ganz normal gekleidet waren, die Dienste der Bahnhofsmission in Anspruch nahmen. Schließlich richteten sich diese spärlichen Gaben – Brot und Tee sowie Kleiderspenden – doch an wahrlich Bedürftige. Meine Kollegin erklärte mir dann das, was ich bei meinen ersten Nachtdiensten auch selbst sah: Die Frauen waren genauso arm dran wie die Männer. Auch sie hatten keine Bleibe mehr, keine Privatsphäre oder

Rückzugsmöglichkeit. Sie mussten auf einer dünnen Isomatte auf dem Boden des Aufenthaltsraums schlafen, weil die Frauenhäuser oder andere längerfristige Unterbringungsmöglichkeiten ständig voll waren. Ich begann zu begreifen, dass das gesamte äußere Erscheinungsbild der Frauen ein Schutzschild war, denn Bedürftigkeit bedeutet Sichtbarkeit bedeutet Adressierbarkeit bedeutet Verletzbarkeit, und zwar über die bereits bestehende erhöhte Vulnerabilität im Patriarchat hinaus. Betraten die Frauen freilich die Bahnhofsmission, waren die Verhältnisse klar und es kamen auch Männer, die vorsichtig das Gespräch mit ihnen suchten und »Hilfe«, ja sogar Wohnraum anboten. Auch um diese Muster zu erkennen, brauchte es direkte Erfahrungen mit den Betroffenen, denn an solche Verwicklungen hätte ich nie gedacht. Diese Art von exklusiv für Frauen reservierter »Hilfe« besteht nämlich in dem Versuch, eine ausbeuterische Abhängigkeitsbeziehung aufzubauen. Dann ist die Frau, die sich darauf einlässt, zwar nicht mehr auf der Straße, aber die vier Wände schützen nicht sie, sondern den Täter.

Doch wenigstens in der Bahnhofsmission sollte es einen kleinen Schutzraum geben, weshalb wir solchen Männern Hausverbote erteilten. Es war eine gute Schule für mich, um die unzähligen Machtgefälle zu erkennen, die an Muskelkraft, Besitz und auch Skrupellosigkeit hängen. Und trotzdem kann ich mir nur schwer vorstellen, wie vielen Übergriffigkeiten die Frauen, die zu uns kamen, jenseits unserer Schwelle tagtäglich ausgesetzt waren. Und wie viele Übergriffigkeiten sie auch im Laufe ihres gesamten Lebens vielleicht schon ertragen mussten, von den Eltern, von Verwandten und angeblichen Freunden. Manchmal ziehen sich die Narben über Generationen, und die Straße ist ja nie der Anfang der Geschichte, sondern meist eher ihr Ende.

Man kann nicht anders, als die Kraft und den Lebenswillen der Frauen zu bewundern, die hier ihre Geschichten erzählen und die dabei »noch lange nicht am Ziel« sind, wie es Lisa gegen

Ende ihrer Geschichte ausdrückt. Bei allen, die hier versammelt sind, geht es weiter, das Leben und das Kämpfen, was auch mir Mut macht. Und doch lässt mich das auch an die anderen Frauen denken, die sich seit meiner Zeit am Bahnhof in mein Gedächtnis eingebrannt haben. Es waren Frauen, die derart verwahrlost waren, wie ich es bei Männern nur selten gesehen habe. Sie trugen so viele psychische und seelische Verletzungen mit sich herum, dass sie kaum mehr ansprechbar waren und in einer völlig anderen Realität zu leben schienen. Dass sie ihre Geschichte hätten erzählen können, scheint mir unvorstellbar. Und ich frage mich bis heute, ob auch sie einmal noch Geld für Puder und Lippenstift ausgegeben haben, um sich damit Unsichtbarkeit zu erkaufen. Und ich weiß, dass nicht nur Gewalt, sondern auch Unsichtbarkeit einen Menschen auf der Straße mit der Zeit aushöhlt, bis hinter der aufrechterhaltenen Fassade nichts mehr ist. Als Menschen besitzen wir unsere Würde nämlich nicht einfach so, sondern wir schenken sie uns Tag für Tag durch Ansehen, Anerkennung und Wertschätzung.

Ich habe damals auch die Frauen, die äußerlich noch »ganz normal« waren, nicht nach ihren Geschichten gefragt, weil es übergriffig gewesen wäre. Um den Schutzraum Bahnhofsmission in einen geschützten Raum zu verwandeln, braucht es Vertrauen, das behutsam aufgebaut werden muss, und wahrscheinlich auch ein Gegenüber, das etwas mehr Lebenserfahrung auf dem Buckel hat als ein Zivi. Und das Erzählen muss aus freien Stücken und selbstbestimmt erfolgen. Hören wir also zu, wenn Frauen diesen äußerst mutigen Schritt heraus aus der Unsichtbarkeit wagen – wir haben nämlich noch viel zu lernen!

München, im Dezember 2023
*Markus Ostermair*

# Einleitung

Anfang 2021, als Corona-bedingt kaum noch etwas ging, Workshops abgesagt wurden und Lesungen ausfielen, dachte ich: Zeit für ein Ehrenamt. In der Zeitung hatte ich gelesen, im *frauenzimmer*, einem Tagestreff für wohnungslose und andere in Not geratene Frauen, würde aktuell Hilfe benötigt. Ein Anruf dort, und Ana Küntzel, die Koordinatorin der Einrichtung, lud mich gleich zu einem Kennlerntreffen ein.

Vor dem Termin war ich aufgeregt, wusste nicht, was mich erwartet. Wohnungslose Frauen hatte ich bis zu diesem Zeitpunkt lediglich in der Fußgängerzone, am Bahnhof oder an anderen öffentlichen Plätzen wahrgenommen, mit keiner je mehr als ein paar Worte gewechselt. Bilder aus Filmen tauchten in meinem Kopf auf, von kalten, schäbigen Räumen, in denen vom Leben auf der Straße gezeichnete Menschen neben ihren wenigen Habseligkeiten ausharren und auf nichts und niemanden warten. Daher war ich überrascht, als ich den großen, hellen und freundlichen Café-Raum betrat, der sich im Erdgeschoss eines Hauses in der Bremer Innenstadt befindet. Die Besucherinnen saßen an runden Holztischen beisammen, unterhielten sich, blätterten in Zeitschriften oder waren mit ihren Smartphones beschäftigt. Auch die beiden Computer-Plätze waren besetzt. Aus einem Radio drang leise Musik, auf dem Sofa lag eine Frau, die Augen geschlossen.

Bei einem Kaffee erklärte Ana mir den täglichen Ablauf im *frauenzimmer*. Dann zeigte sie mir die weiteren Räumlichkeiten:

die beiden Büros, die Küche, Toiletten und Duschen, den Raum, in dem eine Ärztin regelmäßig medizinische Notversorgung anbietet und die Kleiderkammer. In der ersten Etage gibt es zudem eine Notunterkunft für Frauen. Beide Einrichtungen gehören zur Wohnungslosenhilfe der Inneren Mission und werden von der Sozialpädagogin Britta Pundt geleitet.

Schnell wurden Ana und ich uns einig. Ein paar Formalitäten mussten noch erledigt werden, dann konnte ich mit meiner Tätigkeit im *frauenzimmer* beginnen und mir zunächst einmal wöchentlich mit einer anderen Ehrenamtlichen eine Schicht teilen – unterstützt jeweils von einer hauptamtlichen Mitarbeiterin sowie einer jungen Frau, die hier ihr Freiwilliges Soziales Jahr absolviert.

Im Laufe der Zeit lernte ich die Besucherinnen des Tagestreffs immer besser kennen. Für viele von ihnen ist das *frauenzimmer* unter der Woche eine feste Anlaufstelle. Hier erhalten sie für wenig Geld Frühstück und Mittagessen, können duschen, Wäsche waschen, telefonieren, das Internet nutzen, gespendete Kleidung sowie Pflege- und Hygieneartikel bekommen und sich, wenn sie keinen festen Wohnsitz haben, eine Postadresse einrichten lassen. Und sie finden Schutz, können zur Ruhe kommen. Auch die, die wieder in eigener Wohnung leben, bleiben dem *frauenzimmer* oft treu. Die Begegnung und der Austausch mit anderen sind für sie wichtig, ebenso wie die Unterstützung, die sie hier in Krisensituationen erhalten, wenn sie zum Beispiel psychisch erkranken oder von erneuter Wohnungslosigkeit bedroht sind.

»Jeder Mensch hat ein Recht auf angemessenen Wohnraum« – so steht es in Artikel 11 des UN-Sozialpakts, nachzulesen unter anderem auf der Internetseite des Deutschen Instituts für Menschenrechte. Aber auch hier in Deutschland ist dies wohl nicht mehr als eine Wunschvorstellung. Es herrscht akuter

Mangel an bezahlbarem Wohnraum, steigende Mieten, erhöhte Lebens- und Energiekosten belasten vor allem ärmere Haushalte schwer. Viele können die Kosten für ihre Wohnung nicht mehr aufbringen, verschulden sich, werden obdachlos. Neben den sozialpolitischen Gründen führen oft auch körperliche und psychische Erkrankungen, Alkohol- und Drogenkonsum zu Wohnungslosigkeit. Bei Frauen kommt hinzu, dass sie sich nicht selten auf ungesicherte Wohnverhältnisse einlassen, keine eigenen Mietverträge haben oder sich aus einer gemeinsam mit dem Partner angemieteten Wohnung drängen lassen. Finanziell sind sie oft unzureichend abgesichert.

Die eigenen vier Wände verlassen zu müssen, bedeutet aber neben dem gesellschaftlichen Stigma auch den Verlust von Sicherheit und Privatsphäre, von Ruhe und Ungestörtheit und letztlich auch von Würde und Selbstbestimmung. Nicht umsonst nennt der Psychotherapeut und -analytiker Dieter Funke den Wohnraum nach der Kleidung »die dritte Haut« des Menschen. So gesehen gehört die Wohnung zur Leiblichkeit jeder Person, verliert sie sie, verliert sie auch einen Teil ihrer selbst. Projekte wie »Housing First«, bei denen obdachlose Menschen zuallererst in eine eigene Wohnung vermittelt werden, bevor mit anderen Hilfsmaßnahmen begonnen wird, sind daher mehr als sinnvoll, stoßen aber, wenn sie in Städten und Gemeinden überhaupt initiiert werden, aufgrund des angespannten Wohnungsmarktes an ihre Grenzen.

Laut dem aktuellen Wohnungslosenbericht des Bundesministeriums für Arbeit und Soziales sind deutschlandweit rund 262 000 Personen wohnungslos, davon gut ein Drittel weiblich. Mehr als 70 Prozent der Frauen ohne Wohnung leben jedoch nicht auf der Straße, sondern in der sogenannten verdeckten Wohnungslosigkeit, sind in Notunterkünften für Frauen, in für Obdachlose bereitgestellten Hotels und Pensionen oder bei

Bekannten untergekommen. In der Öffentlichkeit werden sie daher selten als wohnungslos wahrgenommen. Sie sind darum bemüht, sich zu pflegen und gut zu kleiden und daher äußerlich von Frauen mit eigener Wohnung in der Regel nicht zu unterscheiden. Doch ihr Leben ist ein ganz anderes. Das englische homeless bedeutet nicht nur obdachlos, sondern auch heimatlos. Und genauso fühlen sich viele der Frauen, mit denen ich im *frauenzimmer* gesprochen haben. Der Titel dieses Buches, »Keine Bleibe«, ist nicht von ungefähr gewählt. Dem großen Wunsch der Frauen nach einer eigenen Wohnung, dem Bedürfnis und der Sehnsucht nach Schutz, Geborgenheit und Harmonie stehen oft Ruhelosigkeit und das Gefühl, noch nicht angekommen zu sein, gegenüber, nirgendwo bleiben, keine Wurzeln schlagen zu können – selbst, wenn sie wieder im eigenen Wohnraum leben. Die meisten von ihnen stammen aus prekären Familienverhältnissen, hatten schon als Kind keine sichere Bleibe, sind ohne Stabilität, Liebe und Vertrauen aufgewachsen und haben früh Gewalt und Missbrauch erlebt – Umstände dieser Art reichen bei manchen bis in vorherige Generationen zurück. In Partnerschaften wurden die Frauen dann oft verbal und körperlich attackiert, gedemütigt, bestohlen, betrogen oder zur Sexarbeit gezwungen, mussten fliehen und sich verstecken. Einige von ihnen haben mehrmals im Leben ihre komplette Habe verloren. Umso erstaunter bin ich immer wieder, dass die Frauen trotz allem Stärke beweisen, Durchhaltevermögen zeigen, dass sie wieder auf die Beine kommen, sich nicht unterkriegen lassen wollen. Natürlich gibt es auch schlechte Tage, an denen sich die Besucherinnen des Tagestreffs gegenseitig runterziehen, es Eifersucht gibt und Streit oder eine der Frauen aus heiterem Himmel ausrastet. Doch meistens ist die Stimmung im Café moderat, oft auch heiter, der Austausch mit den Frauen gut.

Vor allem in der von mir Ende 2021 im *frauenzimmer* eingerichteten Schreibwerkstatt habe ich im Laufe der Zeit immer mehr über sie erfahren. Meine Methode: über das Erzählen zum Schreiben kommen. Nach langen Gesprächen in der Runde verfassten die Frauen berührende Texte über ihre Erlebnisse und Erfahrungen, über Abschied und Einsamkeit, aber auch über das Ankommen, über ihre Wünsche, Träume und Hoffnungen.

Nachdem der Workshop bereits eine Weile lief, sich ein fester Kreis von Frauen regelmäßig mit mir zum Schreiben traf, wurde mir klar, dass die Geschichten der Frauen so komplex und einzigartig sind, dass sie es verdient haben, umfangreicher dargestellt und aufgeschrieben zu werden.

Auf meine Frage hin, ob sie bereit wären, mit mir ausführlich über ihr Leben zu sprechen, um ihre Geschichten dann in einem Buch wiederzufinden, winkten manche der Besucherinnen des *frauenzimmers* jedoch gleich ab. Vor allem diejenigen, die auf der Straße leben, konnten sich nicht dazu durchringen. Einige aber sagten sofort Ja oder hatten nach anfänglichem Zögern den Mut dazu.

Schließlich konnte ich acht Frauen dazu gewinnen, mir ihre Lebensgeschichten zu erzählen, ihre Erinnerungen mit mir zu teilen. Sie sind im Alter von zwanzig bis weit über siebzig, aktuell wohnungslos oder waren es im Laufe ihres Lebens ein- oder mehrmals. In ihren Erzählungen scheinen immer wieder Parallelen auf, und dennoch sind ihre Erlebnisse und Erfahrungen so individuell wie ihre Persönlichkeiten.

Meine Treffen mit den Frauen fanden immer im Café des *frauenzimmers* statt, dort also, wo sie sich gut und sicher fühlen. Nur zu den Fototerminen mit Rike Oehlerking sind wir rausgegangen, haben Orte aufgesucht, die die Frauen vorgeschlagen hatten.

Nach den intensiven Gesprächen mit den Frauen war ich jedes Mal aufgewühlt, erschüttert. Wie haben sie dieses Leid, diese Krisen und Katastrophen überstanden, habe ich mich manchmal gefragt, woher nehmen sie nach allem, was ihnen widerfahren ist, die Kraft, weiterzuleben? Auch wenn es immer wieder Rückschläge gibt, haben sich die meisten der Frauen Hoffnung und Zuversicht bewahrt, schaffen sie es, nach vorne zu schauen. Ein Grund dafür könnte sein, dass sie alle irgendwann in der Lage waren, sich Hilfe zu organisieren, Menschen zu finden, die ihnen unter die Arme griffen: Sozialarbeiterinnen, Therapeutinnen, Lehrer, Freunde oder Familienmitglieder.

Mit den vorliegenden Geschichten möchte ich auf die brisanten Lebensumstände der Frauen, die ich im Tagestreff kennenlernen durfte, aufmerksam machen und aufrollen, wie es dazu kam, dass sie wohnungslos wurden, möchte sie aus ihrer Unsichtbarkeit herausholen, ihnen eine Stimme geben. Dafür, dass sie mir so couragiert und vertrauensvoll von sich, ihrer Vergangenheit und ihrem jetzigen Leben berichtet haben, bin ich ihnen sehr dankbar.

*Angelika Sinn*

# Hannelore

## »Wie es dann so kommt«

Hannelore ist die Erste der acht Frauen, die mir in einem ausführlichen Gespräch von ihren Erfahrungen mit Wohnungslosigkeit berichtet, mir ihre Geschichte erzählt. Wir treffen uns um zwei Uhr nachmittags im *frauenzimmer*, dem *Bremer Tagestreff für wohnungslose und andere in Not geratene Frauen*. Um diese Zeit schließt das dortige Café, und wir können in Ruhe reden.

Ein paar Minuten müssen wir noch warten, bis alle Besucherinnen gegangen sind. Einige der Frauen mögen sich nur ungern verabschieden, haben oft den restlichen Tag nichts zu tun oder können erst am Abend in ihre Notunterkünfte zurückkehren. In der Bremer Innenstadt haben zwar einige Cafés für Obdachlose bis zum Abend geöffnet, doch für manch eine kommen diese Treffs nicht infrage, da sich dort auch Männer aufhalten. Zu viel Krawall, sagen sie, zu viel Anmache.

Hannelore habe ich Anfang 2021, gleich zu Beginn meiner ehrenamtlichen Tätigkeit im *frauenzimmer*, kennengelernt. Corona-Zeit mit vielen Auflagen: Handdesinfektion, Maskenpflicht, nur wenige Frauen durften sich im Raum aufhalten, nur jeweils zwei an einem Tisch sitzen, zwischen sich eine Schutzwand aus Plexiglas.

Viele derjenigen, die normalerweise regelmäßig zum Tagestreff kamen, blieben dem Café aufgrund dieser Situation fern.

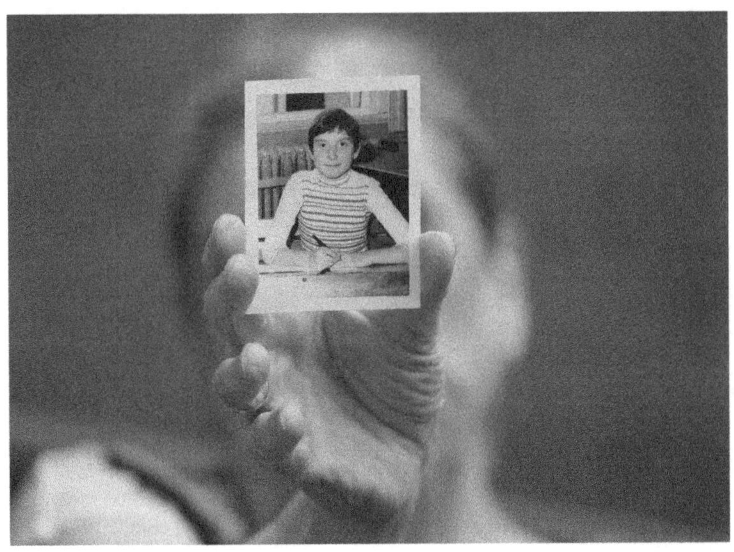

Andere ließen sich davon nicht abschrecken. So wie Hannelore. Seit sie 2006 das erste Mal eine Zeit lang in der oberen Etage des Hauses, in der Notunterkunft für Frauen, gewohnt hat, ist sie Stammgast im *frauenzimmer.*

»Ich gehöre schon zum Inventar«, hat sie einmal lachend gesagt.

Auch an der Schreibwerkstatt, die ich im Herbst 2021 im *frauenzimmer* eingerichtet habe, nimmt sie teil, wenn auch nicht jedes Mal. Ich freue mich immer, wenn sie dabei ist, denn durch ihre souveräne Art ist sie der ruhende Pol in unserer Gruppe. Oft geht es hier turbulent zu, alle reden durcheinander, und manch eine kann gar nicht mehr aufhören zu erzählen.

Hannelore regt so schnell nichts auf. Nur wenn Frauen im Café in Streit geraten, sich anschreien, beschimpfen, wird sie nervös, möchte dann das *frauenzimmer* am liebsten verlassen. Sie glaubt, mit dem Alter dünnhäutiger geworden zu sein.

Hannelore ist 71, wirkt aber ein paar Jahre jünger, was vor allem an ihren wachen Augen liegt. Ihrer äußeren Erscheinung misst sie nicht viel Bedeutung bei, trägt einfache Kleidung, kein Make-up und, bis auf einen schmalen goldenen Ring, keinen Schmuck. Die dunklen Haare, die sie im Nacken zu einem Zopf zusammengebunden hat, sind von grauen Strähnen durchzogen.

Als sich das Café schließlich geleert hat, setzen wir uns an einen der Tische, etwas abseits, nahe den Fenstern zur Straße, damit wir nicht von den Mitarbeiterinnen gestört werden, die hin und wieder durch den Raum in eines der Büros gehen oder in die Küche. Dieser Platz wird in den nächsten Monaten mein Stammtisch sein für die Treffen mit den Frauen, die sich bereiterklärt haben, mir ihre Geschichten zu erzählen. Ich richte das Aufnahmegerät ein, ziehe meine Notizen hervor, lege sie mir zurecht.

»Nur keine Eile«, sagt Hannelore und wartet gelassen, bis alles sortiert ist und wir loslegen können.

Bei diesem ersten Gespräch, das ich für das Buchprojekt führe, bin ich zunächst noch unsicher, hangele mich an meinem akribisch vorbereiteten Fragebogen entlang, und auch Hannelore ist zu Anfang etwas wortkarg, muss noch auftauen. Nach und nach schwingen wir uns aber ein, wird unser Gespräch freier, und ich schaue kaum noch in meine Unterlagen, lasse uns und unserer Unterhaltung Raum.

Hannelore ist allerdings keine wortreiche Erzählerin, über sich und ihr Leben zu sprechen, ist sie anscheinend nicht gewohnt. Meist antwortet sie kurz und bündig, hält sich dabei bedeckt. Vieles, was ihr passiert ist, tut sie mit einer Handbewegung ab: nicht so schlimm!

Hannelore stammt aus einer kinderreichen Familie, ist die Erstgeborene, sieben Brüder folgten noch. Zu einigen von ihnen hat sie heute noch Kontakt, aber nur sporadisch.

»Die sind in alle Winde verstreut.«

Den Bruder, der das Familienhaus übernommen hat, besucht sie jedoch noch regelmäßig und auch ihre hochbetagte Mutter, die dort in der Nähe in einem Altersheim lebt.

Aufgewachsen ist Hannelore in der niedersächsischen Kleinstadt Bentheim. Ihre Mutter kümmerte sich um Haushalt und Kinder, ihr Vater arbeitete als Kfz-Mechaniker.

»Uns hat es an nichts gefehlt, und in der Familie lief alles relativ glatt«, ist sich Hannelore sicher. »An Probleme kann ich mich nicht erinnern.«

Ihr Vater war allerdings oft krank, litt an Magengeschwüren, und wenn er von der Arbeit nach Hause kam, musste Ruhe herrschen.

»Unsere Jungs bekamen es von ihm auch schon mal mit dem Kochlöffel«, erzählt sie und lacht.

Nach der Realschule besuchte Hannelore die Höhere Handelsschule und absolvierte dann eine Lehre als Steuerfachgehilfin.

»Lieber hätte ich was mit Sprachen gemacht. Sprachen waren schon immer mein Ding. In der Schule hatte ich Englisch, Französisch, Niederländisch und später auch noch Spanisch. Aber wie es dann so kommt.« Hannelore zuckt mit den Schultern.

Als sie ihre Ausbildung beendet hatte, fand sie gleich in der nächstgrößeren Stadt eine Anstellung. Doch mit Mitte zwanzig heiratete sie, zog zu ihrem Mann nach Bremen und hat seitdem in ihrem erlernten Beruf nicht mehr gearbeitet. Schnell waren drei Kinder da, ein Sohn und zwei Töchter. Mit dem Haushalt und der Betreuung der Kinder hatte Hannelore dann erst mal genug zu tun. Beide Töchter verließen das Elternhaus jedoch früh, die jüngere zog schon mit sechzehn aus. Warum, lässt Hannelore offen. Nur der Sohn lebte noch zu Hause, als Hannelores Mann 2003 starb.

»Der Tod meines Mannes war für mich nicht so tragisch«, sagt sie, und ihre Stimme klingt dabei ein wenig gepresst. »Wir hatten die letzten Jahre sowieso nur noch nebeneinanderher gelebt.«

Sie zögert, überlegt anscheinend, ob sie weitersprechen soll, gibt sich dann einen Ruck: »Mein Mann war Alkoholiker. Seit vielen Jahren schon. Er ist zwar nie handgreiflich geworden, war aber mit Worten sehr aggressiv. Nichts konnte man ihm recht machen. Meine Töchter haben gesagt, sie hätten gemerkt, dass nach seinem Tod eine Last von mir abgefallen ist.«

Nicht lange nach dem Tod ihres Mannes und dem Auszug ihres Sohnes, der nach seiner Ausbildung eine eigene Wohnung gefunden hatte, zog Hannelore zu einer alten, pflegebedürftigen Dame, der sie schon vorher im Haushalt geholfen hatte. Dort konnte sie in einer separaten Wohnung mietfrei leben. An diese Zeit erinnert sie sich gerne:

»Ich habe mich da sehr wohl gefühlt. Das war eine schöne ruhige Ecke, und man hatte es nicht weit bis zur Innenstadt.«

Ihr eigenes Haus verkaufte sie an die Nachbarn, leistete sich für einen Teil des Erlöses eine neue Küche und gab den Rest des Geldes ihren Kindern.

Für die Wohnung im Haus der alten Dame musste Hannelore zwar keine Miete zahlen, stand dafür aber mehr oder weniger rund um die Uhr für die Frau bereit, ohne für diese Arbeit Geld zu erhalten.

»Ich war immer für sie da, selbst nachts. Wenn sie etwas brauchte, musste sie nur mit dem Besenstil auf den Boden klopfen, und ich bin zu ihr hoch gegangen. Einen Mietvertrag haben wir nicht gemacht, das lief alles auf Vertrauensbasis. Aber dann ist die Frau gestorben. Da musste ich aus der Wohnung raus. Ich hatte keinen Zeugen dafür, dass wir das alles mündlich abgesprochen hatten. Die Erben haben das Haus verkauft, und der neue Besitzer wollte mir keinen Mietvertrag geben, obwohl ich ihn deswegen extra noch einmal angeschrieben habe. Ein Geschäftsmann war das. Er hat die Wohnungen sanieren lassen, um sie anschließend extrem teuer zu vermieten, das hat mir später eine Nachbarin erzählt.«

Hannelore klingt zwar entrüstet, wenn sie von diesen Geschehnissen erzählt, aber es schwingt auch Resignation mit und ein fatalistisches ›So ist es manchmal im Leben‹.

»Bis ich dann tatsächlich ausziehen musste«, fährt sie fort, »dauerte es zwar noch eine Weile, aber dann stand ich auf der Straße. Meinen Kindern habe ich davon nichts gesagt, ich wollte ihnen nicht zur Last fallen.«

Stattdessen wandte sie sich an die Wohnungslosenhilfe der Inneren Mission und hatte Glück: In der Notunterkunft für Frauen war gerade ein Platz freigeworden.

»Das war zwar erst mal ein komisches Gefühl, da unterzukommen, aber immer noch besser, als kein Dach über dem Kopf zu haben. Mit den Mitbewohnerinnen habe ich mich gut verstanden. Wir hatten viel Spaß, haben im Gemeinschaftsraum Karten gespielt und uns unterhalten. Ich habe mich da wirklich wohlgefühlt.«

Auch das *frauenzimmer* im Erdgeschoss besuchte sie in dieser Zeit oft. Und sie fand eine Freundin.

»Die kam direkt aus dem Krankenhaus zu uns, hatte nur das dabei, was sie am Leibe trug. Wie ein Häufchen Elend saß sie in der Ecke auf der Couch, hustete die ganze Zeit und hielt sich dabei die Seite. Ihr Mann hatte ihr die Rippen gebrochen. Ich bin zu ihr hin, aber sie wollte zuerst nicht viel erzählen. ›Jammer doch ruhig mal‹, habe ich zu ihr gesagt, ›vielleicht hilft das ja.‹ Und dann hat sie mir einiges anvertraut. Auch dass ihre Töchter böse auf sie waren, weil sie immer wieder zu ihrem Mann zurückgegangen ist, obwohl er gewalttätig war, brutal. Sie hatte auch einige gesundheitliche Probleme. Vor zwei Jahren ist sie leider gestorben.«

Nach einem knappen Vierteljahr in der Notunterkunft fand Hannelore durch einen glücklichen Zufall eine Dachgeschosswohnung in einem Privathaus, in dem auch die Vermieter

wohnten. Eine der Mitarbeiterinnen der Notunterkunft hatte davon über Bekannte erfahren. Begeistert war Hannelore über das Angebot erstmal nicht.

»In Bremen Nord! Das war ja fast schon wieder Niedersachsen. Aber als ich die Wohnung besichtigt habe, war ich auf Anhieb begeistert. Vor allem von der Umgebung, die hat mich an zu Hause erinnert: freistehende Häuser und viel Grün drumherum. Da war ich gerne. Da habe ich dreizehn Jahre lang gewohnt, bis 2019.«

In der neuen Wohnung konnte Hannelore Möbel und auch die Küche der Vormieterin übernehmen. Wo denn ihre eigenen Sachen aus der Wohnung im Haus der alten Dame abgeblieben waren, frage ich sie.

»Die waren eingelagert. Aber irgendwann habe ich die Miete für den Lagerraum nicht mehr bezahlt, da habe ich drauf gepfiffen.« Sie lacht. »Was mir noch fehlte, habe ich mir dann neu angeschafft. Fotos und andere Erinnerungsstücke hatte ich zum Teil mitgenommen. Bis auf ein paar Ausnahmen sind die erst verlorengegangen, als ich das zweite Mal auf der Straße stand.« Sie schweigt. Ein zweites Mal?

»Ja. Das war auch so ein Ding, dass ich da wegmusste«, sagt sie kopfschüttelnd. »Ich war eine Woche bei meiner Mutter gewesen, und als ich am Sonntagabend spät nach Hause kam, wollten die Vermieter mich nicht mehr in meine Wohnung lassen. Es hatte einen Wasserschaden gegeben, den sollte ich verursacht haben. Gut, an der Zuleitung zur Toilettenspülung tropfte es, aber ich weiß genau, dass ich vor meiner Reise das Wasser abgestellt hatte. Die behaupteten aber, der Hahn sei offen gewesen. Die wollten mich einfach nicht mehr reinlassen. Aber wo sollte ich denn mitten in der Nacht hin?«

Sie zieht fragend die Schultern hoch, so als sei sie heute noch verwundert darüber, dass ihre Vermieter sie von einem Tag auf den anderen auf die Straße gesetzt hatten. Und nach einer Weile:

»Gut, dann fahre ich halt zurück zu meiner Mutter, habe ich gedacht. Aber als ich am Bremer Hauptbahnhof ankam, war der letzte Zug nach Bentheim gerade weg. Da habe ich die Nacht in der Bahnhofshalle verbracht. Am nächsten Tag habe ich mir dann ein Zimmer in einem Hostel genommen. Ich wollte nicht wieder in die Notunterkunft, aber das Hostel-Zimmer hätte ich auf Dauer nicht bezahlen können. Deswegen bin ich dann doch wieder hier oben eingezogen.«

Gegen ihre Vermieter wollte Hannelore sich nicht zur Wehr setzen.

»Da hatte ich überhaupt keinen Nerv zu«, erklärt sie, »nachher wäre das alles noch vor Gericht gekommen. Ich glaube, die wollten mich sowieso loswerden, die hätten gerne gehabt, dass ich freiwillig ausziehe, damit ihr Sohn die Wohnung übernehmen kann.«

Ob sie sich selbst als gutmütig bezeichnen würde, frage ich sie.

»Ja, ich denke schon, dass ich das bin«, sagt sie zögernd. Und dann, beinahe fröhlich: »In diesem Fall wollte ich aber einfach meine Nerven schonen.«

Zusammen mit einer Mitarbeiterin der Wohnungslosenhilfe fuhr Hannelore, ein paar Tage nachdem man ihr den Zugang zu ihrer Wohnung verweigert hatte, nach Bremen Nord, um ihre Sachen abzuholen.

»Nur das, was mir am wichtigsten war, habe ich mitgenommen, Papiere und solche Dinge und ein paar Klamotten«, berichtet sie. »Das restliche Zeug habe ich dagelassen. Da hing mein Herz nicht so dran. Ich hatte ja auch eh viel zu viel.«

Sie lacht wieder und macht eine wegwerfende Handbewegung.

Mit den Vermietern wurde dann vertraglich festgelegt, dass Hannelore auf die dort noch verbliebenen Sachen verzichtete und die Wohnung auf ihre Kosten geräumt wurde.

»Ja, entrümpelt sozusagen.«

Ein Container wurde bestellt, den dafür anfallenden Betrag hat sie in Raten abbezahlt.

Nach dreizehn Jahren in einer eigenen Wohnung fühlte sich Hannelore auch 2019 in der Notunterkunft für Frauen wieder wohl.

»Es war immer jemand da, mit dem man reden konnte, mit dem man auf gleicher Wellenlänge war. Mit einer der Frauen habe ich besonders viel Zeit verbracht und mich mit ihr angefreundet. Wir haben im Kühlschrank sogar unsere Fächer zusammengelegt. Das wird eigentlich nicht gerne gesehen, weil es zu Streit führen kann. Aber nicht bei uns!«

Knapp drei Monate war sie diesmal wieder in der Notunterkunft, bevor sie in das Intensiv Begleitete Einzelwohnen (IBEWO) vermittelt wurde und eine Übergangswohnung beziehen konnte.

»Da hatte ich wieder Glück«, sagt sie, »dass dort was frei geworden war. Das war eine komplett eingerichtete Wohnung, da war alles drin. Vor allem war ich froh, dass ich mir das Badezimmer nun nicht mehr mit anderen Frauen teilen musste. In der Notunterkunft war ich immer schon früh aufgestanden, um die Dusche noch sauber vorzufinden. Wenn die jetzt schmutzig war, wusste ich wenigstens, dass das mein eigener Dreck ist.«

Dass es ja sicher auch schön gewesen sei, mal wieder Freunde zu sich nach Hause einladen zu können, werfe ich ein. Hannelore zuckt mit den Schultern. »Ja, schon. Die meisten treffe ich aber sowieso hier, im *frauenzimmer.*«

Beim IBEWO bekam sie auch eine Betreuerin zur Seite gestellt, die ihr dabei half, alltägliche Dinge zu regeln. Zum Beispiel ihre Finanzen in Ordnung zu bringen. Schulden hatte Hannelore zwar keine und durch die Witwenrente war sie abgesichert. Ihre eigene Rente hatte sie bis dahin jedoch noch nicht beantragt, weil ihr die dazu nötigen Unterlagen abhandengekommen waren. Auch einen gültigen Personalausweis besaß sie zu der Zeit nicht. Zudem konnte sie über das IBEWO an Freizeitangeboten teilnehmen. In der Kochgruppe, die sie damals regelmäßig besuchte, ist sie heute noch willkommen und wird, wenn sie dort auftaucht, immer noch freudig begrüßt.

»Ich weiß nicht, irgendwie finde ich das schön«, sagt sie.

Nachdem alles so weit geregelt war, wurde Hannelore auf eine Liste für Wohnungssuchende gesetzt. Und im Mai 2020 bekam sie schon das erste Angebot. Diese Wohnung gefiel ihr allerdings ganz und gar nicht.

»Das Badezimmer war winzig, und die Wanne stand unter einer Schräge. Beim Duschen hätte ich den Kopf einziehen müssen. Da passte höchstens ein Gartenzwerg rein.«

Bei der Vorstellung vom duschenden Gartenzwerg müssen wir beide lachen.

»Stimmt aber«, sagt Hannelore und grinst.

Die Wohnung abzulehnen, traute sie sich trotzdem erst, als ihre Betreuerin sie dazu ermutigte. Dann kam auch schon bald ein weiteres Angebot, und in diese Wohnung ist sie schließlich gezogen.

»Da bin ich glücklich«, sagt sie, »da fühle ich mich wohl.«

*Mein Glücksbringer*

*Meinen Glücksbringer – eine kleine Eule – habe ich von A. geschenkt bekommen. Zu der Zeit wohnte ich im IBEWO. Eigentlich ist die Eule ein Schlüsselanhänger, aber dafür ist sie mir zu unhandlich und unförmig; also hängt sie von Anfang an an einem Türknopf meines Wohnzimmerschranks.*

*Ob die Eule tatsächlich Glück gebracht hat und ich durch sie meine Wohnung gefunden habe, weiß ich nicht. Aber ich sage nicht, dass es nicht so ist. Ich hoffe, dass mir die Eule auch in Zukunft Glück bringt und es mir weiterhin so gut geht wie im Augenblick. Ich muss nur daran glauben.*

In der neuen Wohnung musste Hannelore sich ganz neu einrichten. Ihre Betreuerin hat ihr dabei geholfen, ist mit ihr zu einem Einrichtungshaus mit preisgünstigen Möbeln gefahren. Die Küche hat der Hausmeister ihr besorgt, für die musste sie nicht einmal etwas bezahlen, und auch den Wohnzimmerschrank hat sie geschenkt bekommen. Kleinmöbel, Geschirr, Handtücher und was man sonst noch alles braucht, hat sie sich selbst neu gekauft.

»Das ist jetzt alles meins«, sagt sie stolz. »Und in dieser Wohnung will ich auch bleiben. Ich hatte genug Neuanfänge, jetzt reicht es!«

Dem *frauenzimmer* will sie weiterhin treu bleiben. In der Regel kommt sie gleich morgens um 10 Uhr, trinkt Kaffee, löst Kreuzworträtsel, plaudert mit anderen Besucherinnen. Um 12 Uhr isst sie hier zu Mittag.

»Das ist mit 2,50 Euro günstiger, als wenn ich zu Hause koche«, erklärt sie.

Das Essen im *frauenzimmer* hat Hannelore aus finanziellen Gründen nicht nötig, aber es ist natürlich schöner, in Gesellschaft zu essen als allein am heimischen Küchentisch.

Meistens ist Hannelore bei den letzten Besucherinnen, die das Café verlassen. Bevor sie geht, trägt sie den Standaschenbecher rein, der vor der Haustür steht. Den hat sie im Laufe des Tages häufig benutzt.

»Das Einzige, was ich mir gönne, ist das Rauchen«, sagt sie und lacht. »Ansonsten habe ich kein teures Hobby. Ich gehe nicht aus und trinke auch kaum Alkohol, höchstens mal ein Glas Wein, das mein Bruder zum Essen anbietet. Gereist bin ich auch genug in meinem Leben. Als meine Mutter noch rüstig war, sind wir manchmal dreimal im Jahr auf Reisen gewesen. Das reicht jetzt. Als junge Frau bin ich allerdings sehr gerne verreist, da war ich sogar mal ein paar Wochen in den USA. Vor meiner Heirat war das.«

*Reisen zum Meer*

*Das Mittelmeer im Sommer:*
*glitzernde Wellenkämme, leises Rauschen; das Wasser umspült sanft die nackten Füße.*

*Die wildere Nordsee:*
*hohe Wellen mit weißen Schaumkronen; das Wasser hat Kraft, und man muss aufpassen, nicht von den heranbrausenden Fluten erfasst zu werden.*

*Die Ostsee im Winter:*
*Eisschollen schwimmen sacht auf dem Wasser. Nur das Knirschen des brechenden Eises ist zu hören.*

Wenn Hannelore am Nachmittag in ihre Wohnung zurückkommt, räumt sie erst mal auf und macht, wenn nötig, sauber. Sie ist jetzt ordentlicher als früher. Auch ihre Papiere sortiert sie regelmäßig und heftet sie ab. Wenn im Haushalt alles erledigt ist, macht sie es sich in der Küche gemütlich, hört Radio, löst Rätsel, beschäftigt sich mit Handarbeiten. Sie ist gerne allein. Und liest sehr viel.

»Auf meine Bücher möchte ich nicht mehr verzichten. Mittlerweile habe ich schon wieder so viele, dass ich mir ein großes Regal dafür besorgen musste.«

Auch im *frauenzimmer* leiht sie sich hin und wieder welche aus, und bei einem Workshoptreffen schreibt sie:

*»Bücher sind meine Leidenschaft. Sie bieten mir die Möglichkeit, in fremde Welten einzutauchen, die mir in Wirklichkeit verwehrt sind.«*

Mit ihrem Leben ist Hannelore jetzt zufrieden, bezeichnet sich sogar als ›wunschlos glücklich‹.

»Wenn man seine Wohnung verliert«, erklärt sie, »kann man das von zwei Seiten betrachten: Erst mal ist es schrecklich, dann aber auch jedes Mal ein Neuanfang. Ich habe dadurch immer Menschen gefunden, die mich unterstützt haben und mit denen ich reden konnte.«

Sie ist froh, dass sie ein Dach über dem Kopf und genug zu essen hat, dass sie sich auch mal etwas leisten kann und kommen und gehen, wie sie möchte. Sie mag den Frühling und das Vogelgezwitscher in den Büschen und Sträuchern hinter ihrem Haus und freut sich über den Vollmond, wenn er in ihr Fenster scheint und durch eine Glaskugel hindurch bunte Sterne an Wand und Zimmerdecke wirft. Besonders glücklich aber machen sie die Besuche bei ihrer Tochter und den beiden Enkeln. Der Jüngere ist bei ihrer Abreise oft traurig, fragt, warum sie nicht in der Nachbarschaft wohne.

»Das zeigt mir, dass er mich gerne hat«, sagt Hannelore.

*Im Herbst meines Lebens*

*Ich bin im Herbst meines Lebens angekommen, wie ein Baum in der Natur. Es gibt noch grünes Laub, aber auch schon einige bunte Blätter, die langsam dahinwelken. Die Früchte sind abgeerntet, aber noch ist das Ende nicht gekommen. Bis das letzte Blatt gefallen ist, gibt es noch schöne Tage, die das Laub besonders herrlich leuchten lassen.*

# Lisa

## »Ich bin noch lange nicht am Ziel«

Lisa bringt oft ihren dreijährigen Sohn mit ins *frauenzimmer*, Nico. Er vergnügt sich dann in der für Kinder eingerichteten Spielecke, und sie hat Zeit, einen Kaffee zu trinken. Lange hält es sie jedoch nicht auf dem Stuhl. Lisa ist immer in Bewegung, sucht Gespräche mit den Mitarbeiterinnen, vor allem mit Ana, der Leiterin des Tagestreffs. Wenn Ana gerade mal nicht telefoniert, für eine Frau eine Postadresse einrichtet oder andere administrative Dinge erledigen muss, lehnt Lisa am Türrahmen des Büros und berichtet über Neuigkeiten aus ihrem Leben.

Lisa ist Mitte dreißig. Sie ist klein, wirkt sportlich. Auf ihr Aussehen legt sie Wert, schminkt sich, kleidet sich modisch. Zurzeit arbeitet sie als Servicekraft in einer Pizzeria, und ich kann mir gut vorstellen, wie sie im Restaurant mit Tellern beladen zu den Tischen eilt und mit den Gästen scherzt, taff und immer ein bisschen frech. Sie selbst vergleicht sich gerne mit Luzie, der Filmfigur aus der Kinderserie *Luzie, der Schrecken der Straße*, die in den 80er-Jahren im Fernsehen lief.

»So bin ich!«, sagt sie und lacht ihr lautes und ansteckendes Lachen.

Seit 2016 besucht Lisa das *frauenzimmer*, mal mehr und mal weniger regelmäßig, fühlt sich hier anscheinend zu Hause.

Frauen, die in ihren Augen die Hilfsbereitschaft der Mitarbeiterinnen ausnutzen, verurteilt sie scharf: »Wenn ich das mitkriege«, sagt sie, »könnte ich ausrasten, das finde ich unverschämt, da kriege ich so einen Hals!«

Die Kreativangebote im *frauenzimmer* nimmt sie selten wahr, zur Teilnahme an der Schreibwerkstatt konnte ich sie nur ein einziges Mal überreden. Leider. Ihre Texte gefielen mir, ihre Kommentare waren erfrischend.

Um mir ihre Geschichte zu erzählen, ist Lisa ohne Nico ins *frauenzimmer* gekommen. Er ist noch im Kindergarten, muss aber spätestens um 16 Uhr abgeholt werden. Wir haben also nur knapp zwei Stunden Zeit für unser Gespräch. Fragen, die an diesem Tag offenbleiben, wird sie mir später per E-Mail beantworten und bei einem abschließenden Treffen noch Ergänzungen zu ihrer Geschichte liefern.

Eine Tasse Kaffee vor sich, sitzt sie schon am Tisch, als ich endlich die Tür hinter der letzten Besucherin geschlossen habe. Sie wippt nervös mit dem Fuß, sagt: »Ich muss pünktlich los.«

Die Erzieherinnen in der Kindertagesstätte möchte sie auf keinen Fall warten lassen. Und auch Nico nicht.

Lisas älterer Sohn, Alessandro, lebt seit beinahe zehn Jahren bei seinem Vater.

»Dass ich ihn damals weggegeben habe, war der größte Fehler meines Lebens«, sagt sie bestimmt.

Bei Alessandros Geburt war Lisa erst 21. Heute will sie bei der Erziehung ihres jüngeren Sohnes alles richtig machen, Nico fördern, ihm eine gute Mutter sein. Vor seiner Geburt war sie immer wieder obdachlos, doch seit er auf der Welt ist, lebt sie mit ihm in einer eigenen Wohnung. Nur einmal war das Kind für kurze Zeit in einer Pflegefamilie untergebracht. Lisas Ex-Freund, Nicos Vater, hatte sie beim Jugendamt wegen Drogenmissbrauchs angeschwärzt.

Lisa: »Obwohl ich nur gekifft habe! Aber ich habe mir meinen Sohn nach drei Wochen zurückgeholt. Ich bin eine Kämpferin, ein starker Mensch.«

Gelungen ist es ihr, Nico wieder zu sich zu nehmen, weil sie einen Platz in einer Rehabilitationseinrichtung für Suchterkrankte angenommen hatte und Nico dorthin mitnehmen konnte.

Dass ihr Sohn im Kinderheim landen könnte, war für Lisa eine schreckliche Vorstellung. Sie selbst hat ihre Kindheit in verschiedenen Heimen verbracht.

»Wegen Misshandlung und Vergewaltigung in der Familie. Außerdem waren meine Eltern damals alkoholabhängig.«

Geboren ist Lisa in Ostberlin. Schon als sie ein Jahr alt war, wurde sie zusammen mit ihrem zwei Jahre älteren Bruder und der damals fünfjährigen Schwester in einem Heim untergebracht. Doch dann kam der Mauerfall.

»Meine Eltern haben uns bei einem Besuchstermin einfach geklaut und sind mit uns in den Westen abgehauen, nach Bremen«, erzählt Lisa. »Sie dachten, sie könnten uns behalten. Hat aber nicht geklappt. Das ging nur ein Jahr lang gut. Dann standen Polizei und Jugendamt vor der Tür. Das war ja Kindesentführung! Von da an haben wir wieder im Heim gelebt, erst in Bremen, dann viele Jahre in Niedersachsen. Besuch von unseren Eltern haben wir nur selten bekommen. Nachdem wir weg waren, haben die sich gleich drei neue Kinder gemacht, da waren wir wohl abgeschrieben.«

Lisa redet schnell und laut, sie klingt entschieden, manchmal regelrecht hart. Stelle ich eine Verständnisfrage, kann sie oft kaum bis zum Ende des Satzes warten, fällt mir dann ins Wort, so als wolle sie ihre Geschichte möglichst schnell loswerden. Das Gespräch liegt eindeutig in ihrer Hand, und ich füge mich nach kurzer Zeit in meine Rolle als Stichwortgeberin, lasse Lisa erzählen.

»Im Heim hat sich mein Bruder immer wieder sexuell an mir vergangen. Als ich zwölf oder dreizehn war, habe ich ihm dann damit gedroht, das den Erziehern zu sagen. Da hat er mich schwer verprügelt, wollte mir an einem Garagentor den Kopf einschlagen. Aber ein Betreuer ist dazwischengegangen, der hat mir das Leben gerettet. Missbrauch und Gewalt haben sich dann durch mein ganzes Leben gezogen.«

Sie schluckt, spricht dann schnell weiter:

»Mein Bruder ist später Junkie geworden, er war heroinabhängig, vor drei Jahren ist er an einer Überdosis gestorben, hat sich einfach weggebeamt.«

Lisa selbst hat nie harte Drogen genommen. Jedenfalls nicht freiwillig. Zu abschreckend war für sie von Anfang an die Sucht ihres Bruders. Sein missbräuchliches Verhalten ihr gegenüber versucht sie zu erklären:

»Das war alles nicht seine Schuld, er hatte es ja nicht anders gelernt. Ich habe keine Wut auf ihn, zumal er sich später bei mir entschuldigt hat. Natürlich weiß ich, dass es dafür eigentlich keine Entschuldigung gibt, aber ich habe ihm verziehen.«

Mit dreizehn wollte Lisa unbedingt zurück zu ihrer Familie, nach Bremen. Warum, kann sie bis heute nicht erklären.

»Man wusste es halt nicht besser.« Sie zuckt mit den Schultern und lacht kurz auf.

»Immer wieder bin ich aus dem Heim abgehauen, bis man mir schließlich erlaubt hat, wieder bei meinen Eltern zu wohnen. Aber das hat natürlich nicht funktioniert. Die konnten mir keine Grenzen setzen, bei denen durfte ich tun und lassen, was ich wollte: Alkohol trinken, rauchen, Party machen. Und anstatt mich zur Schule zu schicken, haben sie mich auf meine kleinen Geschwister aufpassen lassen.«

Kurz schaut sie mich erwartungsvoll an, wartet meine Reaktion auf das soeben Erzählte aber nicht ab, sondern fährt fort: »Ich habe dann mit Komatrinken angefangen, bin immer wieder ausgerastet, habe meine Aggressionen an anderen ausgelassen. Und irgendwann bin ich auf der Straße gelandet, habe bei Freunden übernachtet oder draußen. Manchmal bin ich einfach in meinen Scherben liegengeblieben. Die Polizei hat mich dann ins Krankenhaus gebracht. Wenn die mich aufgegriffen haben, mussten sie mich sowieso mitnehmen, ich war ja noch minderjährig. Manchmal bin ich auch selbst zur Polizei gegangen, habe gesagt: Hey, ich habe keinen Schlafplatz, bringt mich irgendwo unter!«

Von der Polizei wurde sie in Notunterkünfte für Jugendliche oder ins *Mädchenhaus* gebracht, eine Bremer Einrichtung für Mädchen und junge Frauen, die aus unterschiedlichen Gründen keine Bleibe haben. Aber nirgends hielt sie es lange aus. Auch in den Pflegefamilien, in die das Jugendamt versuchte, sie zu vermitteln, kam sie nicht klar.

»Ich habe mich lieber allein durchgekämpft. Ich war total rebellisch, habe mir überhaupt nichts sagen lassen.«

Nur einmal fand sie eine Familie, bei der sie gerne geblieben wäre. Da stimmte die Chemie. Die Pflegeeltern hätten Lisa auch dauerhaft bei sich aufgenommen, aber das ging, so sagt sie, aus bürokratischen Gründen nicht.

Zur Schule ging Lisa dann irgendwann gar nicht mehr. Erst als sie mit sechzehn in eine Jugendwohngemeinschaft kam, fand sie die Ruhe und Struktur, um ihren Hauptschulabschluss machen zu können.

»Ich bin ja nicht dumm«, sagt sie. »In der Gesamtschule war ich sogar in mehreren A-Klassen gewesen. Das ist Gymnasialstufe.«

In der WG lief es für Lisa zunächst gut, sie wohnte dort gerne – bis sie sich in einen Mitbewohner verliebte.

»Er war meine erste große Liebe. Aber das ging völlig schief. Nachdem er sich irgendwann eine Neue gesucht hatte, bin ich durchgedreht, habe alles zertrümmert, mich in meinem

Zimmer eingesperrt und versucht, mich umzubringen. Guck, hier sieht man es noch.«

Sie schiebt die Ärmel ihres Pullovers hoch und zeigt mir die Narben an ihren Unterarmen.

»Die Polizei musste mein Zimmer stürmen, um mich zu retten. Ich war dann zwei Wochen in der Kinder- und Jugendpsychiatrie und bin danach wieder bei meinen Eltern gelandet. Mein Ex-Freund lebte ja weiterhin in der WG, dahin konnte ich also nicht zurück. Es gab nur eine Möglichkeit: er oder ich. Und ich wollte ihm sein Leben nicht zerstören. Aber bei meinen Eltern klappte es natürlich wieder nicht. Ich war dann vier Jahre lang überall und nirgendwo, habe gekifft und wieder mit dem Komasaufen angefangen. In der Zeit habe ich alle paar Monate versucht, mich umzubringen. Ich hatte keine Lust mehr, wollte einfach sterben. Immer wieder bin ich deswegen in die Psychiatrie gekommen oder habe mich selbst eingewiesen, um nicht auf der Straße schlafen zu müssen.«

Über ihre Erlebnisse als Kind und Jugendliche spricht Lisa beinahe emotionslos, so als sei dies alles gar nicht ihr, sondern einer anderen Person passiert. Dadurch fällt es mir während unseres Treffens nicht immer leicht, mich in ihre Geschichte einzufühlen. Erst im Nachhinein kann ich die Tragweite der Geschehnisse richtig erfassen, dringt vieles, was sie schildert, vollends zu mir durch. An diesem Nachmittag im Café schwingt, wenn Lisa erzählt, selten ein Gefühl mit und wenn doch, ist es meistens Wut. Mitleid mit sich selbst höre ich kaum heraus. Erst als ich ihr Wochen später die fertig geschriebene Geschichte zu lesen gebe, ist sie davon angerührt und gibt mir den Text zurück mit den Worten: »Ich musste weinen. Komisch. Bei meiner eigenen Geschichte!«

Mit der Geburt ihres ersten Sohnes, Alessandro, änderte sich Lisas Leben. Zusammen mit einem guten Freund suchte sie sich eine Wohnung, lebte dort gemeinsam mit ihm und dem Baby. Doch die Idylle war schnell vorbei, als der Mann mehr von ihr wollte als Freundschaft. Sie zog aus, nahm sich eine neue Wohnung, lebte von da an mit Alessandro allein. Als er drei Jahre alt war, begann sie mit einer Ausbildung in der Gastronomie. Aber täglich an die zehn Stunden Betreuung in einer Kindertageseinrichtung überforderten den Jungen. Alessandro wurde verhaltensauffällig. Das Jugendamt schaltete sich ein und stellte Lisa vor die Wahl, entweder die Ausbildung abzubrechen oder ihren Sohn anderweitig unterzubringen. Schweren Herzens gab sie Alessandro zu seinem Vater, bereute diese Entscheidung jedoch sehr schnell.

»Ich habe Alessandro sehr vermisst, wollte ohne ihn nicht leben«, sagt Lisa, und diesmal klingt ihre Stimme ganz weich.

Um ihren Sohn wieder zu sich holen zu können, brach sie die Ausbildung ab. Aber das Jugendamt machte ihr klar, dass es kein Hin und Her geben könne, dass ihr Sohn nun beim Vater bleiben müsse.

»Von da an ging es in meinem Leben wieder bergab«, sagt sie.

Lisa zog nach Hamburg und begann dort als Servicekraft in einem Restaurant zu arbeiten. Zunächst sah es auch so aus, als hätte sie damit das große Los gezogen. Der Besitzer des Lokals nahm sich ihrer an, tröstete sie, wenn sie traurig darüber war, Alessandro nicht mehr bei sich zu haben, stand ihr in vielen Lebenslagen bei. Sie ließ sich auf eine Beziehung mit ihm ein.

»Er hat sich mein Vertrauen erschlichen, aber irgendwann kam dann die Kehrtwende. Die typische Loverboy-Masche. Das war ein Zuhälter! Auf Partys hat er mich an seine Freunde verkauft oder abends und nachts von einem Kunden zum nächsten gekarrt. Tagsüber musste ich dann wieder im Restaurant arbeiten, schlafen konnte ich kaum noch. Damit ich auf den Beinen blieb, wurde ich mit Koks zugeballert. Natürlich bin ich davon abhängig geworden. Irgendwann hat er mich dann nach Frankfurt verkauft. Da sollte ich in einem Club arbeiten, als Prostituierte. Aber das habe ich nicht gemacht. Ich bin da wieder abgehauen und zurück nach Hamburg gefahren, wollte meine Sachen packen und verschwinden. Daraufhin hat er mich verprügelt, hat meinen Kopf mehrmals gegen eine Metalltür geschlagen und mich beinahe erwürgt. Er wollte mich umbringen!«

Lisas Stimme überschlägt sich beinahe. Sie ist immer noch wütend darüber, dass dieser Mann ihr all das angetan hat, dass sie seinetwegen sogar um ihr Leben fürchten musste.

Nach seinem Gewaltausbruch war es für sie noch dringlicher, ihm zu entkommen. Überhaupt wollte sie aussteigen, raus aus der Szene, dem Zuhältermilieu. Also nahm sie Kontakt zu einem Mann auf, den sie in dem Frankfurter Club kennengelernt und der ihr seine Hilfe angeboten hatte. In seinem Haus in der Nähe von Frankfurt konnte sie vorübergehend unterkommen. Zudem ermutigte er sie, sich beim Frauennotruf zu melden. Und dieser Schritt erwies sich für Lisa als Segen. Mit Unterstützung der Mitarbeiterinnen einer Fachberatungsstelle für Frauen, die körperliche, psychische und sexualisierte Gewalt erfahren haben, schaffte sie den endgültigen Absprung. Auch die Polizei wurde eingeschaltet. Auf eine Anzeige verzichtete Lisa allerdings. Zu groß war ihre Angst, dass der Zuhälter ihr etwas antun, sich an ihr rächen könnte.

»Der Typ hat mich bis Frankfurt verfolgt, mich immer wieder angerufen und gedroht, mir den Kopf mit einem Hammer einzuschlagen. Der verkehrte in kriminellen Kreisen, der hätte mich überall gefunden!«

In Frankfurt blieb Lisa letztlich mehrere Jahre. Nachdem sie sich von dem Zuhälter hatte befreien können, brauchte sie zunächst therapeutische Hilfe, um wieder stabil und gesund zu werden. Sie hatte eine Angststörung entwickelt, litt an

Panikattacken, war drogenabhängig geworden und magersüchtig. In einer psychiatrischen Klinik wurde ihr dabei geholfen, die traumatischen Ereignisse zu verarbeiten. Drei Monate dauerte ihr Aufenthalt dort, dann war sie so weit, dass sie in eine betreute Wohngemeinschaft ziehen konnte. Sie trank nicht mehr, nahm keine Drogen, fand einen Job in einem Restaurant, lernte dort kochen.

»Ich habe in der Zeit tatsächlich glücklich gelebt«, sagt sie. »Bis ich online jemanden kennengelernt habe und mit ihm zusammengezogen bin. Ich dachte: Okay, der arbeitet viel, raucht nicht, trinkt nicht, macht Sport – das kann ja so schlecht nicht sein. Aber dann stellte sich heraus, dass er sexsüchtig war. Da musste man ständig hinhalten. Und ich habe mir das gefallen lassen, weil ich immer dachte, mein Partner hätte Macht über mich.«

Mit Hilfe ihres ehemaligen Therapeuten aus der Klinik schaffte sie es schließlich, den Mann zu verlassen. Sie entschloss sich, wieder nach Bremen zu gehen.

»Wegen Alessandro und meinem damaligen neuen Partner, Dirk. Der lebte in Weyhe, bei Bremen. Den hatte ich auch im Internet kennengelernt. Herzlichen Dank ans Online-Dating, kann ich da nur sagen!«

Zurück in Bremen, war Lisa erneut mehrere Jahre wohnungslos. Zunächst kam sie zwar bei ihren Eltern unter, doch als sie da nicht mehr bleiben konnte, stand sie wieder auf der Straße. Auch Dirk hatte keine eigene Wohnung, sondern lediglich ein Zimmer bei seinen Eltern. Dorthin konnte Lisa nicht gehen.

»Bis ich schwanger wurde, habe ich überall und nirgendwo geschlafen«, erzählt sie, »meistens bei Freunden oder Bekannten. Draußen übernachten musste ich nie. Aber es ging mir schlecht. Auch finanziell. Oft musste ich sogar zu den *Suppenengeln* gehen, um eine kostenlose Mahlzeit zu bekommen.«

In dieser Zeit lernte sie auch das *frauenzimmer* kennen, weil sie sich hier eine Postadresse einrichten lassen konnte.

»Ich war ja obdachlos und hätte sonst kein Geld vom Amt bekommen.«

Von da an kam sie regelmäßig zum Kaffeetrinken ins Café und hin und wieder zum Mittagessen. Aus der Kleiderkammer holte sie sich, was sie zum Anziehen benötigte. Vor allem aber besuchte sie die Einrichtung, weil ihr die Gespräche mit den Mitarbeiterinnen wichtig waren und sie von ihnen Rat und Unterstützung erhielt.

Die Beziehung zwischen Lisa und Dirk lief von Anfang an nicht gut. Lisa bezeichnet ihn als Narzissten, der sie drangsaliert und erpresst hat. Auch für ihren erneuten Aufenthalt in der Psychiatrie macht sie ihn verantwortlich und dafür, dass sie die Ausbildung zur Köchin wieder abgebrochen hat, obwohl Köchin ihr Traumberuf war.

»Der hat mir jegliches Selbstbewusstsein genommen. Alles hat er mir genommen. Alles!«

Doch sie schaffte es lange nicht, sich aus der Beziehung zu lösen, blieb insgesamt drei Jahre mit dem Mann zusammen.

»Da sieht man schon, wie ich drauf war.« Sie hält beide Daumen nach unten. »Schade, dass ich das nicht früher reflektieren konnte.«

Als sie schwanger wurde, entschied Lisa sich trotz allem, das Kind zu bekommen. Und damit wendete sich für sie das Blatt erneut, zumindest, was die Wohnungslosigkeit betraf. Über die Zentrale Fachstelle Wohnen (ZFW) bekam sie recht schnell eine eigene Wohnung vermittelt, in der sie bis heute mit Nico wohnt. Auch Alessandro hätte sie gerne wieder zu sich genommen. Aber das hat nicht funktioniert.

»Der will nicht bei mir wohnen … keine Ahnung …« Sie lacht kurz auf. »Aber wir haben einen guten Kontakt, ich helfe ihm,

wo ich kann. Er ist jetzt dreizehn und vertraut mir viele Dinge an, von denen sein Vater nichts weiß.«

Nach Nicos Geburt zog Dirk mehr oder weniger bei Lisa ein. Doch die Beziehung lief nun komplett aus dem Ruder. Dirk wurde immer aggressiver, er demütigte und erniedrigte sie, und mehrmals zerschlug er das Mobiliar.

»Einmal hat er mich so heftig geschubst, dass ich beinahe auf das Baby gefallen wäre. Aber ich wollte ihm die Möglichkeit geben, mit Nico Kontakt zu haben, deswegen habe ich mich von ihm drangsalieren lassen, nur deswegen.«

Doch als er das Jugendamt eingeschaltet und man Lisa vorübergehend das Kind weggenommen hatte, war das Maß für sie voll.

»Er wollte Nico nicht mal zu sich nehmen«, empört sie sich. »Er wollte, dass er in ein Heim kommt. Das Kind war ihm scheißegal! Er wollte mich für sich alleine haben. Da habe ich einen Cut gemacht. Da musste er auch meinen

Wohnungsschlüssel abgeben. Aber dann ging es los, dass er mir gedroht und mich in E-Mails beschimpft hat. Das war reinstes Stalking!«

Lisa erstattete Anzeige und schaffte es mit viel Mühe, vor Gericht eine Gewaltschutzverfügung gegen Dirk zu erreichen. Seitdem lässt er sie und das Kind in Frieden. Aber wütend ist Lisa immer noch auf ihn. Weil er keinen Unterhalt für seinen Sohn zahlt, vor allem aber, weil er sich mittlerweile gar nicht mehr für Nico zu interessieren scheint, kein Umgangsrecht einfordert und nicht einmal nach ihm fragt.

»Das macht mich rasend!«, sagt sie. »Wie kann man nur so sein!?«

Dirk ist mittlerweile zwar mit einer anderen Frau zusammen, aber Lisa hat Sorge, dass die Beziehung bald wieder vorbei ist und der Terror dann von vorne los geht. Sie möchte endlich zur Ruhe kommen. Das ist auch der Grund, warum sie Bremen in ein paar Wochen verlassen und mit Nico auf eine Ostseeinsel ziehen wird. Weit weg von der Stadt, in der sie so viele schreckliche Dinge erlebt hat.

»Und dann sehe ich jeden Tag mein geliebtes Meer!«, sagt sie strahlend.

*Meeresrauschen*

*Vielleicht entdeckst auch du für dich das Rauschen des Meeres.*

*Probiere es aus! Schalte deine Umgebung aus und lausche der Natur und du wirst merken, dein Herz, dein Puls werden ruhiger und der Stress legt sich. Du kommst wieder runter.*

*Klar, Wellen erinnern an Urlaub, Sommer etc. Doch auch an regnerischen Tagen funktioniert dies als Stressreduktion.*

*Früher als Kind, bin ich immer weggelaufen … ab ans Wasser, mich beruhigen! Ich höre das Rauschen des Meeres und muss mich direkt daran erinnern – nicht daran, dass ich aus*

*Stresssituationen flüchtete, nein, ich denke direkt an Entspannung, daran, Sorgen und Kummer loszulassen. Sehr befreiend!*

*Selbst für die, die sich nicht gerne entspannen, kann das Meeresrauschen die Lust wecken, sich in sich selbst zurückzuziehen und diesen inneren Frieden zu finden. Probiere es aus! Setze dich ans Wasser, schließe die Augen und lausche.*

*Das Meer ähnelt meinem Charakter: wild, unkontrollierbar und doch traumhaft (grins).*

Auf der Insel hat Lisa einen Job als Verkäuferin in einem Souvenirladen angenommen. Wohnen wird sie in einer von ihrem Arbeitgeber gestellten Wohnung, ein Kindergartenplatz für Nico ist auch schon gefunden. Der Gedanke an den Umzug, an den Neubeginn, macht sie froh.

»Dass ich den Job dort bekommen habe, war ein Glückstreffer!«

Schade findet sie nur, dass sie die vor einiger Zeit in Bremen begonnene tiefenpsychologische Gesprächstherapie nun bald abbrechen muss. Sie hofft, an ihrem neuen Wohnort eine Praxis zu finden, in der sie mit Hilfe einer Therapeutin oder eines Therapeuten die Arbeit an sich selbst fortführen kann.

»Ich analysiere und reflektiere jetzt viel«, erklärt sie. »Ich will in Zukunft nicht mehr an Männer geraten, die mich schlechtmachen, niedermachen. Ich weiß jetzt, dass das eine Form von Selbstverletzung ist, autoaggressives Verhalten. Aber diese Erkenntnis habe ich leider erst seit ein paar Wochen, deswegen ist immer wieder das Gleiche passiert. Ich kannte es ja nicht anders. Jetzt möchte ich endlich herausfinden, was Glücklichsein und Liebe für mich bedeuten. Ich wünsche mir einen Mann an meiner Seite, bei dem ich überzeugt sein kann, dass er mich liebt, eine gute Beziehung – nicht so, wie ich es vorgelebt bekommen habe, vor allem von meinen Eltern. Leider kann ich mich immer noch nicht so sehen, wie ich bin, meine immer, ich bin nicht gut genug, habe Angst, jemand könnte etwas Schlechtes von mir denken oder über mich sagen. Dabei habe ich schon eine ganze Menge gelernt. Und trotz allem auch erreicht: Ich konnte meinen Schulabschluss machen, ich arbeite, und vor allem lebt mein Kind bei mir und nicht im Heim oder in irgendeiner Notunterkunft – und das ganz ohne Unterstützung vom Jugendamt. Mein Leben lang ist nur Scheiße passiert. Jetzt fängt es langsam an, besser zu werden. Aber ich bin noch lange nicht am Ziel!«

# Juno

## »Manchmal fühle ich mich wie ein verlorenes Kind«

Als ich sie das erste Mal im *frauenzimmer* antreffe, sitzt sie allein an einem Tisch und zeichnet. Konzentriert schaut sie auf das vor ihr liegende Blatt Papier, setzt den Stift kaum ab, ist versunken in ihr Tun. Ihre Blässe fällt mir auf, die feine, helle Haut. Sie ist ungeschminkt, hat die mittellangen Haare im Nacken zu einem Zopf zusammengebunden, trägt eine weiße, etwas fleckige Jogginghose und dazu einen schwarzen Hoodie. Neben ihrem Stuhl steht ein prallgefüllter Rucksack. Sehr jung wirkt sie auf mich und sehr traurig. Ich frage die anderen Mitarbeiterinnen des *frauenzimmers* nach ihr, aber keine hat sie zuvor schon einmal gesehen.

Nachdem sie sich einen Kaffee geholt und damit an ihren Tisch zurückgekehrt ist, gehe ich zu ihr, frage, ob ich mich einen Moment setzen dürfe. Sie nickt und lächelt. Ich betrachte ihre Zeichnung, auf der die Köpfe zweier Frauen skizziert sind: die eine kindlich, die Augen erschrocken und gleichzeitig erstaunt aufgerissen, das Gesicht von grünen, lockigen Haaren umrahmt, die andere, ebenfalls jung, aber selbstbewusst und entschieden dreinblickend, mit glattem, streng aus der Stirn gekämmtem Haar. Die Porträts gefallen mir, sie sind gekonnt gezeichnet. Als ich ihr das sage, schaut sie skeptisch auf das Blatt und zuckt mit den Schultern. Ob sie auch schreibe, frage ich.

»Manchmal. Tagebuch und kleine Geschichten.«

Ich lade sie ein, an der Schreibwerkstatt teilzunehmen, die am Nachmittag wieder im Café stattfinden wird, und sie stimmt zu, offensichtlich erfreut: »Ich habe sowieso nichts vor und weiß auch gar nicht, wohin.«

Auf meine Frage, ob sie keine Unterkunft habe, schüttelt sie den Kopf und erzählt, dass ihre Wohnung vor zwei Wochen zwangsgeräumt wurde. Zunächst hat sie noch bei einer Freundin übernachten können, die aber war mit der Situation mehr und mehr überfordert und hat sie gebeten, sich eine andere Wohnmöglichkeit zu suchen.

»Jetzt muss ich wohl auf der Straße übernachten. Auch nicht so schlimm.« Sie lacht kurz auf, aber ich bemerke ihre Angst davor und beruhige sie. Wir würden sicher eine Lösung finden, sage ich, sie solle nach dem Workshop erstmal dableiben. Wie sie heiße, frage ich sie noch, und wie alt sie sei.

»Juno«, sagt sie. »Vor einem Monat bin ich 20 geworden.«

Das Schreibthema an diesem Tag lautet »Ein schöner Moment in meinem Leben«. Und während die anderen Frauen noch von der einen oder anderen Begebenheit erzählen, die sie in guter Erinnerung haben, schreibt Juno bereits drauflos, entwirft einen Brief an ihren Ziehvater, den sie vor einiger Zeit, nach Jahren seiner Abwesenheit, wiedergetroffen hat. Beim Vortragen dieses Textes in unserer Runde versagt ihr zweimal die Stimme, ist sie den Tränen nahe, und als wir am Schluss applaudieren, strahlt sie zwar, wundert sich aber auch darüber, dass uns ihr Geschriebenes tatsächlich gefällt.

Später, alle anderen sind schon gegangen, räumen Juno und ich noch zusammen die Tassen und Gläser ab. Dann begleite ich sie nach oben, in die Notunterkunft für Frauen. Für eine Nacht können ihr die Mitarbeiterinnen dort ein Bett zur Verfügung stellen. Am nächsten Tag, sagt man ihr, müsse sie zur Zentralen Fachstelle Wohnen (ZFW) gehen, dort würde man ihr weiterhelfen können.

Gut eine Woche später treffen wir uns erneut im *frauenzimmer.* Juno hat sich bereiterklärt, mir ihre Geschichte zu erzählen. Wieder trägt sie den schwarzen Hoodie und auch die Jogginghose, diesmal beides frisch gewaschen.

»Ich war ja traurig, dass ich nicht in der Notunterkunft bleiben konnte«, sagt sie, kaum dass wir am Tisch Platz genommen haben. »Ich habe mich dort sehr wohlgefühlt, sehr aufgehoben. Das war eine schöne Erfahrung.«

Wie es denn für sie dann weitergegangen sei, möchte ich wissen, und Juno erzählt, dass sie über die ZFW schon am nächsten Morgen eine Unterkunft in einem Hotel für Obdachlose vermittelt bekommen hat. Dort bezog sie zunächst ein Doppelzimmer. Ein Mitarbeiter vom Security-Dienst des Hauses stellte ihr jedoch in Aussicht, das nächste freiwerdende Einzelzimmer zu bekommen. Der Mann verriet ihr auch, welchen Bewohnern des

Hotels sie vertrauen, welche sie besser meiden sollte, und bot ihr bei Problemen seine Unterstützung an.

»Ich habe ja Angst vor Männern«, sagt Juno, »und ich dachte, er könnte so etwas wie mein Mentor sein, mein Beschützer.«

Doch diese Hoffnung zerschlug sich schnell. Der Mann wurde immer aufdringlicher, nötigte sie eines Abends sogar, das Bett zu verlassen, aufzustehen, obwohl sie unbekleidet war. In ihrer Not wandte sich Juno noch einmal an die Mitarbeiterinnen der Notunterkunft für Frauen und hatte Glück: Ein Platz war freigeworden, sie konnte einziehen.

Viel Gepäck hatte sie nicht dabei, hatte bei der Räumung ihrer Wohnung nur das Nötigste mitgenommen. Die meisten ihrer Sachen wurden eingelagert, zum Beispiel auch ihre Gitarre, an der sie sehr hängt.

»Die ist mir heilig«, beteuert Juno. »Aber ich weiß nicht, ob ich sie jemals wiederbekommen werde. Man hat mir gesagt, dass ich an meine Sachen erst ran kann, wenn ich meine Schulden abbezahlt habe. Aber wie soll das so schnell gehen? Ich habe sehr, sehr viele Schulden: Miete, Strom, Handyvertrag – ich habe nichts mehr bezahlt, habe mich um gar nichts mehr gekümmert, habe nicht mal mehr meine Post aus dem Briefkasten geholt.«

Mit dem Zeigefinger bewegt Juno das Feuerzeug, das neben einem Päckchen Tabak vor ihr auf dem Tisch liegt, hin und her. Ihre Hände sind schmal, die Haut sehr hell, fast durchscheinend, die Fingernägel kurzgeschnitten. Für eine Weile scheint sie sich in ihren Gedanken verloren zu haben.

Seit ihrer frühesten Jugend hat Juno immer wieder depressive Phasen, mal mehr mal weniger schwer. Diesmal war es, wie sie jetzt sagt, besonders schlimm.

»Ich lag nur noch da. Wie eine Leiche. Habe mich bei niemandem mehr gemeldet, bin auch nicht ans Telefon gegangen. Mein Gehirn war wie betäubt – keine Gedanken, keine Gefühle. Als wäre ich gar kein Mensch, sondern ein Zombie. Und dann, von

einem Tag auf den anderen, hatte ich plötzlich wieder Bewusstsein, konnte wieder einigermaßen klar denken. Das ist bei mir immer so. Dann kann ich mich kaum mehr daran erinnern, was in der Zeit der Depression passiert ist.«

Als sich der Nebel in ihrem Kopf wieder gelichtet und sie ihre schwere depressive Phase überwunden hatte, begann Juno langsam zu begreifen, dass die Zwangsräumung unmittelbar bevorstand, dass sie ihre Wohnung schon in ein paar Tagen verlieren würde.

In diese Wohnung in einem Hochhaus war sie gezogen, als ihre Mutter sie zwei Jahre zuvor rausgeworfen hatte. Die Beziehung zur Mutter bezeichnet Juno als sehr kompliziert, spricht von Verbitterung und Enttäuschung auf beiden Seiten und dann, nach einigem Zögern, davon, dass ihre Mutter ihr gegenüber aggressiv und früher sogar gewalttätig gewesen sei, dass sie von ihrer Mutter als Kind oft auf übelste Weise misshandelt wurde.

»Ich war immer ihr Boxsack, musste viel einstecken. Dass sie mich schlägt, habe ich lange Zeit niemandem erzählt. Ich hätte mich geschämt, schlecht über meine Mutter zu sprechen, weil mir eingebläut worden war, dass man seine Eltern respektieren muss, egal, was sie tun.«

Junos Mutter wurde schon mit siebzehn von ihrem damaligen Freund schwanger, verließ ihn aber, als Juno erst ein Jahr alt war. Mutter und Kind zogen von Dresden nach Bremen, zunächst zu einer Verwandten.

»Als ich noch ein Baby war, gab es viel Streit um mich«, erzählt Juno und lacht bei dem Gedanken daran, schüttelt aber gleich darauf ungläubig den Kopf, so als könne sie nicht verstehen, dass sie der Familie einmal so wichtig war. »Meine Großeltern väterlicherseits waren sauer darüber, dass meine Mama mit mir so weit weggezogen war. Irgendwann ist der Kontakt zu ihnen und meinem Erzeuger dann abgebrochen.«

In Bremen ging ihre Mutter rasch eine neue Beziehung ein, und schon kurze Zeit später wurde Junos Schwester geboren. Lange glaubte Juno, dass ihr Stiefvater auch ihr leiblicher Vater sei. Wenn sie heute von ihm spricht, nennt sie ihn mit liebevollem Unterton »meine Vaterfigur«. Prägende Jahre hat sie mit ihm verbracht.

Doch die Beziehung zwischen ihm und Junos Mutter war von Anfang an durch seine Drogenabhängigkeit stark belastet. Immer wieder kam es zu Streit und zeitweiligen Trennungen, immer wieder verschwand er für mehrere Wochen.

»Er hat Heroin genommen, war krass drogenabhängig. Mehrmals war er in einer Entzugsklinik, hat versucht, clean zu werden, aber richtig geklappt hat das nie. Meine Mutter hat ihn wegen seiner Sucht oft rausgeworfen. Ich war traurig darüber, dass er so selten da war, ich hatte ihn super lieb. Er war ein sehr herzlicher und auch väterlicher Mann. Aber er kam und ging.«

Als Juno zehn Jahre alt war, trennte sich ihre Mutter endgültig von ihrem Partner.

»Ich weiß noch genau, dass wir auf ihrem Bett saßen, als sie mir von der Trennung erzählt hat«, erinnert Juno sich. »Ich habe geweint und gejammert: Mein Papa, mein Papa! Da hielt sie es wohl für den passenden Moment, mir zu sagen, dass er gar nicht mein richtiger Vater ist.«

Die Drogenabhängigkeit des Stiefvaters hatte auch Juno stark belastet. Nachdem er ausgezogen war, begriff sie mehr und mehr, dass ihr die Beziehung nicht guttat und begann daher den Kontakt mit ihm zu meiden.

*Ein schöner Moment in meinem Leben*
*(Brief an meine Vaterfigur)*

*Ich habe dich lange nicht gesehen. Als ich klein war, warst du mein Held. Damals kam mir natürlich nicht in den Sinn, dass du jemals ganz weg sein würdest und schon gar nicht, dass das sogar besser für mich sein könnte. Ist es überhaupt besser? Du existierst noch, in dieser Stadt, lebst, wenn man das so sagen kann. Nachdem du gegangen warst, habe ich mich jedenfalls lange nach dir gesehnt.*

*Ich hatte schon angefangen, dich zu vergessen, und dann saßest du da, mit meiner Mutter am Tisch. Ich kam durch die Tür, habe dich erblickt und sofort gewusst, wer du bist. Ich habe mich wieder klein gefühlt und wusste kurz wieder, wie es sich anfühlt, einen Helden zu haben. Dann hörte ich deine Stimme, hörte, wie du sagtest, dass ich groß und schön geworden sei. Durch den Klang deiner Worte wurde mir bewusst, dass du schon lange nicht mehr mein Held warst, doch das war mir egal, ich war einfach froh, mich an dieses Gefühl erinnert zu haben. Ich ging in einen anderen Raum, da ich mit der Situation überfordert war. Doch als du gehen wolltest, kam ich wieder raus, um mich von dir zu verabschieden, und du hast mich in den Arm genommen, und ich glaube, das war die wichtigste Umarmung meines Lebens. Du hast gesagt, dass du jedem stolz von deiner großen Tochter erzählst. Dann bist du gegangen.*

Nachdem Juno erfahren hatte, dass ein anderer Mann ihr leiblicher Vater ist, wollte sie ihn und ihre Großeltern väterlicherseits auch kennenlernen. Ein Besuch in Dresden wurde geplant, obwohl erst zehn Jahre alt, fuhr sie allein mit dem Zug dorthin.

»Eine Woche habe ich bei ihnen verbracht«, erzählt sie. »Mein Erzeuger hatte mittlerweile eine Frau und zwei Kinder. Für mich hat er sich gar nicht interessiert, hat sich überhaupt keine Zeit für mich genommen. Ich wurde zwar von ihm und meinen Großeltern mit Geschenken überhäuft, aber ich war trotzdem von dem Treffen enttäuscht. Sie haben sich dann auch nie wieder bei mir gemeldet. Das fand ich damals eigenartig und war auch traurig darüber. Heute denke ich, dass sie möglicherweise doch versucht haben, mit mir in Kontakt zu bleiben, meine Mutter das aber verhindert hat. Es hatte schon wieder Streit gegeben. Meine Oma hatte meine Mutter angerufen, ihr von meinen Albträumen berichtet und den Vorwurf gemacht, sie würde sich nicht richtig um mich kümmern.«

Die Gewalttätigkeit der Mutter Juno gegenüber wurde jedoch von niemandem bemerkt oder zumindest nicht angesprochen. Nach außen hin blieb der Schein gewahrt. Und lange Zeit ließ Juno die Prügel auch wortlos über sich ergehen.

»Ich habe immer mega versucht, mich anzupassen, habe alles gemacht, was sie verlangt hat. Aber nichts hat geholfen. Bei jedem kleinen Fehler von mir ist sie total ausgerastet. Zwei, drei Mal war es so schlimm, dass ich schon keine Luft mehr bekommen habe und mir schwarz vor Augen wurde. Dann hat sie zum Glück aufgehört. Ich weiß nicht, was sonst passiert wäre. Sie hat wirklich alles an mir ausgelassen!«

Juno schweigt, spielt wieder mit dem Feuerzeug, abermals driften ihre Gedanken ab. Ich warte. Nach einer Weile sagt sie:

»In meinen Augen hat meine Mutter meine Schwester von Anfang an mehr geliebt als mich. Die beiden hatten zwar auch oft Streit, aber meine Schwester wurde nie verprügelt, hat höchstens mal eine Ohrfeige bekommen. Ich habe sie aber auch beschützt, habe zu meiner Mutter klipp und klar gesagt: Wenn du sie auch schlägst, rufe ich sofort beim Jugendamt an.«

Sie schweigt wieder, diesmal aber nur kurz.

»Meiner Schwester fällt das Leben nicht schwer. Sie hat ganz viel positive Energie und war schon immer selbstbewusst und fröhlich. Sie ist ein richtiger Sonnenschein.«

Junos Blick wird liebevoll, wenn sie von der Jüngeren erzählt. Aber auch Melancholie mischt sich hinein, vermutlich weil man ihr selbst das Unbeschwertsein, das Fröhlichsein früh ausgetrieben hat.

»Im Gegensatz zu meiner Schwester war ich ein unglückliches Kind«, sagt sie leise. »Sehr zurückgezogen, schüchtern und ängstlich. Schon mit elf Jahren hatte ich Suizidgedanken – das habe ich neulich noch in meinem Tagebuch von damals nachgelesen. Das ist doch krass! Als Elfjährige!«

Sie zögert, seufzt, ist sichtlich mitgenommen von den Erinnerungen an ihr Leiden als Kind. Da sie das Päckchen Tabak in die Hand nimmt, frage ich sie, ob sie eine Zigarettenpause machen möchte. Aber sie verneint, legt den Tabak zurück auf den Tisch und fährt fort, zu erzählen:

»Mit vierzehn habe ich langsam angefangen, mich zu verändern und mich auch gegen meine Mutter zu wehren. Nicht körperlich, aber verbal. Ich habe ihr gesagt, dass sie kein Recht hat, mich zu verprügeln, dass ich immer noch ein Mensch bin, den man nicht schlagen darf. Das habe ich zwar gesagt, aber wirklich gefühlt habe ich es nicht. Wenn man so aufwächst wie ich, macht das natürlich auch was mit dem Selbstwertgefühl.«

Genau wie im Freundes- und Bekanntenkreis fiel scheinbar auch in der Schule zunächst niemandem auf, in welcher Not Juno sich befand. Wenn sich ihre schulischen Leistungen verschlechterten oder sie, erschöpft von der häuslichen Misere, im Unterricht einschlief, hatten die Lehrerinnen und Lehrer keine andere Lösung parat, als sich bei ihrer Mutter über sie zu beschweren. Das rief natürlich erneut Streitigkeiten und auch Gewalt hervor. Ein Teufelskreis. Erst als Juno vom Gymnasium auf die Oberschule wechselte, hatte sie das Glück, auf verständnisvollere Lehrer zu treffen.

»Die haben mich unterstützt und Druck auf meine Mutter ausgeübt. Mein Lehrer hatte gesehen, dass ich mich am Arm selbst verletzt hatte. Da konnte sie das Bild der fürsorglichen Mutter plötzlich nicht mehr aufrechterhalten. Es wurden dann Psychologen und Sozialpädagogen an die Schule geholt, um mit mir zu reden. Ich hatte schon seit Längerem eine Therapie machen wollen, weil es mir so schlecht ging, aber meine Mutter hatte mir das immer wieder ausgeredet, und ich hatte bis dahin nicht den Mut gehabt, für mich einzustehen. Aber auf Druck der Lehrer und weil ich gesagt habe: ›Ich mache das jetzt‹, hat sie schließlich zugestimmt. Obwohl sie nichts davon hält, zu einem Therapeuten zu gehen, das findet sie wehleidig. Bei der Suche nach einem Therapieplatz hat sie mir dann auch überhaupt nicht geholfen.«

In ihrer ersten Therapie, die Juno mit fünfzehn begann, wurden eine generalisierte Angststörung und eine chronische Depression diagnostiziert. Dazu kam eine posttraumatische Belastungsstörung.

»Auf jeden Fall hatte ich Traumata, weil ich auch noch …« Sie zögert. »Das habe ich noch gar nicht erzählt … ich wurde als Kind auch sexuell misshandelt, von einem älteren Mädchen. Das ging jahrelang! Ich wusste überhaupt nicht, was da abging. Und einmal, da war ich sechs, wurde ich von einem Erwachsenen sexuell missbraucht, einem Freund der Familie. Deswegen habe ich heute noch Flashbacks. Ich habe das nie jemandem aus meinem familiären Umfeld erzählt, meiner Mutter schon gar nicht! Der kann ich so etwas nicht anvertrauen.«

Sie seufzt wieder, und es klingt beinahe wie ein Stöhnen.

Junos verschiedene Krankheitssymptome, ausgelöst durch die jahrelange häusliche Gewalt und den sexuellen Missbrauch, konnten in der ambulanten Therapie irgendwann nicht mehr bewältigt werden. Mit sechzehn wurde sie daher für einige Monate in der Kinder- und Jugendpsychiatrie untergebracht. Dort fühlte sie sich wohl, konnte zur Ruhe kommen.

Zu Hause hatte sich jedoch nach dem Klinikaufenthalt kaum etwas geändert, weiterhin war sie der Gewalttätigkeit und Launenhaftigkeit ihrer Mutter ausgesetzt und stand deswegen unter enormem Stress.

Trotzdem schaffte sie es im zweiten Anlauf, ihren mittleren Schulabschluss zu machen. Doch dann kam Corona. Juno fühlte sich ausgebremst, machte monatelang erst mal gar nichts und geriet vor allem deswegen mit ihrer Mutter immer wieder in Streit. Schließlich ließ sie sich darauf ein, eine Lehre als Kosmetikerin zu beginnen, fühlte sich in dem Salon aber von Anfang an fehl am Platze und brach die Ausbildung daher nach kurzer Zeit wieder ab. Jetzt eskalierten die Streitigkeiten zu Hause immer öfter, bis die Mutter sie schließlich auf die Straße setzte.

»Ich habe mich sehr im Stich gelassen gefühlt«, sagt Juno. »Und alleine.«

Sie beginnt zu weinen. Ich tröste sie, reiche ihr ein Taschentuch. Nachdem sie sich wieder beruhigt hat, sitzen wir eine Weile einfach nur da. Sie hat sich in sich selbst zurückgezogen, und ich spüre ihre Not und Zerbrechlichkeit, habe Angst, dass das Erzählen Erinnerungen bei ihr wachruft und Gefühle auslöst, die sie erneut in eine psychische Krise stürzen könnten. Daher frage ich vorsichtig, ob wir unser Gespräch nicht lieber abbrechen, vielleicht auf ein anderes Mal verschieben sollten. Aber sie möchte auf jeden Fall weitermachen.

»Zwischen meiner Mutter und mir besteht bis heute eine Art Hassliebe«, erklärt sie. »Wir erwarten Dinge voneinander, die wir uns nicht geben können. Sie will in meinem Leben sein, mich nicht wirklich gehen lassen, mich andererseits aber auch nicht unterstützen. Sie sagt zwar, dass ich mit meinen Problemen zu ihr kommen kann, aber wenn ich ihr dann von meinen Schwierigkeiten erzähle, macht sie eine Riesenszene. Oder Versprechungen, sagt, dass sie mir bei diesem oder jenem helfen würde – und dann kommt nichts! Mittlerweile versuche ich, so wenig Kontakt wie möglich zu ihr zu haben. Seit drei Monaten habe ich sie jetzt nicht gesehen, aber über meine Schwester erfahre ich manchmal, wie es ihr geht und auch, dass sie nach mir fragt.«

Wieder ist Juno den Tränen nahe, doch diesmal will sie sich nicht von ihren Gefühlen überwältigen lassen. Sie setzt sich gerade hin, zieht die Schultern nach hinten.

»Nach dem Rauswurf bin ich zunächst bei der Mutter eines Freundes untergekommen, habe dann aber relativ schnell über das Amt für Soziale Dienste eine Wohnung gefunden. Danach war auch erst mal alles so weit gut. Ich habe sogar eine Ausbildung zur Sozialassistentin begonnen. Über diesen Ausbildungsplatz habe ich mich mega gefreut. Ich wollte ja vorher schon gerne etwas Soziales machen. Für diejenigen, die Hilfe brauchen, bin ich wie ein Magnet und sehr sozial eingestellt – das ist etwas, das sogar meine Mutter anerkennt. Mit ihr habe ich mich in der Zeit auch wieder vertragen. Dann aber erneut zerstritten. Dieses Hin und Her von ihrer Seite war schrecklich für mich: Ich liebe dich – ich liebe dich nicht, ich vermisse dich – bleib mir vom Leib und komm bloß nie wieder! Irgendwann habe ich gesagt: Schluss! Und dann wurde alles immer schwieriger: alleine zu sein, alleine zu wohnen … Ich bin in ein Loch gefallen, habe mich total isoliert, bei niemandem mehr gemeldet, habe mich mit allem überfordert gefühlt. Auch mit der Ausbildung. Am Anfang habe ich noch gesagt: Das geht bestimmt vorüber, ich lasse mich eine Woche krankschreiben, und dann bin ich wieder fit. Aber das war nicht so. Dann bin ich noch eine Woche zu Hause geblieben, dann noch eine und so weiter – aber es wurde nicht besser. Schließlich habe ich aufgegeben.«

Sie lehnt sich wieder auf dem Stuhl zurück, wirkt erschöpft, und ich frage sie, ob wir jetzt nicht zumindest mal eine Pause einlegen sollten. Diesmal scheint sie erleichtert über den Vorschlag zu sein, dreht sich eine Zigarette und geht vor die Tür, um zu rauchen. Erneut bin unsicher, ob wir weitermachen sollen. Doch zurück im Café, mir wieder gegenübersitzend, beteuert sie, dass es ihr guttäte, über all diese Dinge zu sprechen.

»Mit meiner Psyche geht es mal auf, mal ab«, sagt sie. »Manchmal fühle ich mich wie ich selbst und dann wieder wie ein kleines, verlorenes Kind. Als ich die Ausbildung geschmissen hatte, ging irgendwann gar nichts mehr, und als ich endlich gecheckt habe, dass ich bald aus der Wohnung fliegen würde, war es schon zu spät, um noch zu reagieren. Da habe ich mit einem Mal totale Panik bekommen und einen Freund angerufen. Der hat mir Mut zugesprochen und auch seine Hilfe angeboten. Aber erst am Abend vor der Räumung habe ich angefangen zu packen. Ich war wie erstarrt, konnte einfach nicht eher beginnen, habe die Sache immer wieder aufgeschoben, versucht zu verdrängen. In der Nacht habe ich dann überhaupt nicht geschlafen, habe alles zusammengesucht, was ich mitnehmen wollte, vieles aussortiert und die Wohnung auch noch geputzt. Danach hätte ich einfach gehen können, aber ich wollte mich vergewissern, dass von meinen Sachen nichts wegkommt, dass alles eingelagert wird, was ich noch brauche. Gegen sechs Uhr habe ich mich hingelegt und bin eingeschlafen. Dann hat es geklingelt. Als ich aufgemacht habe, standen fünf Männer vor der Tür, in offizieller Kleidung, auch die Polizei war dabei. Die haben alle ganz perplex geguckt, vielleicht weil ich noch so jung bin. Wir haben noch kurz geredet, und dann haben sie mich gebeten, die Schlüssel abzugeben und zu gehen. Eine Weile stand ich noch unten vor dem Haus. Dann habe ich meinen Kumpel angerufen. Ich war allerdings kaum in der Lage zu sprechen, war total übermüdet. ›Du kommst jetzt erst mal zu mir‹, hat er gesagt. Und als ich bei ihm angekommen war, habe ich erst wirklich realisiert, was passiert war. Da bin ich ausgetickt, emotional, habe mega Panik bekommen und es auch total bedauert, dass ich nun meine Wohnung verloren hatte.«

Sie seufzt tief, sackt in sich zusammen. Ich warte einen Moment, frage dann, ob sie schon eine Ahnung habe, wie es für sie jetzt weitergehen könnte. Sie richtet sich wieder auf, sagt: »Auf jeden Fall möchte ich zurück zur Normalität finden, ein besseres Leben haben. Aber erst mal bin ich natürlich froh, dass ich hier unterkommen konnte, dass ich aus der Depression raus bin und wieder einen einigermaßen klaren Kopf habe. Ja, und tatsächlich auch ein bisschen Hoffnung.«

Sie lächelt schüchtern, und es scheint, als wäre sie über diesen Hoffnungsschimmer regelrecht verwundert.

»In Zukunft«, sagt sie, »würde ich am liebsten etwas Künstlerisches machen: zeichnen, malen, mit Ton oder anderen formbaren Materialien arbeiten.«

Bei dem Gedanken daran leuchten ihre Augen auf, doch schon im nächsten Moment kommen ihr Zweifel.

»Ideen habe ich genug, aber es fehlt mir an Selbstbewusstsein und Eigeninitiative.«

Ich mache sie darauf aufmerksam, dass sie versuchen könnte, eine Betreuerin zu bekommen, die sie eine Zeit lang unterstützt. Mit deren Hilfe könnte sie sich auf die Suche nach einer neuen Wohnung oder einem Zimmer in einer WG machen und auch herausfinden, was beruflich für sie infrage käme.

»Das wäre super«, sagt sie. »Eigentlich möchte ich ja immer alles möglichst alleine wuppen. Aber meistens merke ich dann recht schnell, dass mir alles zu viel wird, dann weiß ich nicht mehr, wo hinten und vorne ist, dann vergesse ich, Dinge zu erledigen oder schiebe sie immer wieder auf. Ja, so eine Betreuung wäre, glaube ich, wirklich gut für mich.«

Sie stößt das Feuerzeug mit dem Finger an, lässt es auf dem Tisch kreiseln. Schließlich greift sie danach, legt es auf das Tabakpäckchen. Sie schaut mich an und lächelt beinahe entschuldigend, als sie von ihren Wünschen spricht: »In Zukunft würde ich am liebsten mal eine Zeitlang gar keinen festen Wohnsitz haben, sondern in einem Van leben und als Freelancer Kunst machen. Die würde ich dann online oder in einem kleinen Shop verkaufen. Und zwischendurch vielleicht noch ehrenamtlich etwas Soziales machen, an den Orten, an denen ich gerade bin. Ich möchte viele Einblicke in unterschiedliche Lebensmöglichkeiten bekommen, reisen, was von der Welt sehen. Ganz minimalistisch würde ich dann leben und naturverbunden. Im Grunde meines Herzens bin ich wohl ein Hippie.«

Sie lacht, wird aber schnell wieder ernst.

»Das alles ist natürlich nur ein schöner Traum. Aber vielleicht würde ich auf Reisen ja auch Menschen finden, die mich lieben und die ich liebe und denen ich das auch zeigen kann, Menschen, die mich inspirieren und die ich inspiriere. Das wünsche ich mir, weil ich so etwas noch nie erlebt habe, mich aber ganz doll danach sehne.«

Ein paar Wochen nach unserem Gespräch treffe ich Juno zufällig in einem Café in der Innenstadt. Sie frühstückt, ich will mich gerade auf den Weg ins *frauenzimmer* machen.

Juno hat sich äußerlich verändert, ist sorgfältig gekleidet und geschminkt, ihre Fingernägel sind spitz zugefeilt und schwarz lackiert. Sie wohnt zwar noch in der Notunterkunft, im *frauenzimmer*-Café lässt sie sich jedoch kaum noch blicken. Auch an der Schreibwerkstatt hat sie schon länger nicht mehr teilgenommen. Ich bin froh, ihr hier zu begegnen und zu sehen, dass es ihr augenscheinlich gut geht. Auch einen Fototermin müssen wir noch ausmachen.

Ihre Tage, erzählt Juno, verbringt sie jetzt meistens im Café *[dock]11* der Initiative *Andocken*. Das Angebot dort ähnelt dem im *frauenzimmer*, ist jedoch speziell für junge Leute zwischen achtzehn und fünfundzwanzig gedacht.

»Ja, ich bin einigermaßen guter Dinge«, sagt sie. »Es bewegt sich langsam etwas. Über *Andocken* habe ich eine Sozialarbeiterin gefunden, die versucht, mich in eine betreute Wohngemeinschaft zu vermitteln. Das wäre super für mich. Das möchte ich unbedingt!«

# Regina

## »Mich haben sie im Regen stehen lassen«

»Ich werde zwischendurch auf jeden Fall mal rauchen gehen«, sagt Regina bestimmt, als sich das Café des *frauenzimmers* geleert hat und wir mit unserem Gespräch beginnen können. Sie bleibt stehen, mag sich zunächst gar nicht zu mir setzen. Erst als ich ihr versichert habe, dass wir jederzeit eine Pause einlegen können, nimmt sie mir gegenüber Platz, legt Zigarettenschachtel und Feuerzeug griffbereit vor sich auf den Tisch. Sie ist angespannt, und ich fürchte schon, dass sie gleich wieder aufspringt, vielleicht sogar geht, mir ihre Geschichte nun doch nicht erzählen möchte. Aber sie bleibt, wird nach und nach entspannter.

Regina ist Ende sechzig, wirkt auf mich aber wegen ihrer Lebhaftigkeit und ihres forschen Auftretens wie eine jüngere Frau. Ihre lockere und etwas flapsige Art, über Dinge zu sprechen, lässt mich manchmal sogar an eine Jugendliche denken, vor allem, wenn sie mich nach einem Statement herausfordernd ansieht. Formulieren kann sie gut, meistens findet sie die richtigen Worte für das, was sie ausdrücken möchte. Sie erzählt schnell und gestenreich, oft sprudeln die Sätze nur so aus ihr heraus.

Mit Obdachlosigkeit hat Regina bislang keine Erfahrung gemacht, hat nicht, wie viele der anderen Besucherinnen des *frauenzimmers* irgendwann auf der Straße gestanden. Vielmehr hat sie es trotz ihrer schwierigen Lebensumstände und ihrer psychischen Erkrankung bis jetzt immer geschafft, in den eigenen vier Wänden zu leben, zu bleiben. Nur einmal musste sie die Zeit zwischen dem Auszug aus ihrer Wohnung in Ulm und dem Bezug einer neuen Wohnung in Bremen überbrücken und für ein paar Wochen bei ihrem Bruder in Minden Zwischenstation machen.

Schon damals, 2011, hatte sie aufgrund ihrer schlechten psychischen Verfassung eine Betreuerin an ihrer Seite. Die Sozialarbeiterin hatte sie zwar vorsorglich in einer Ulmer Notunterkunft angemeldet, doch da wollte Regina auf keinen Fall hin.

»Never ever!«, sagt sie entschieden. In Ulm hatte ich die letzten fünfzehn Jahre mehr über-lebt als ge-lebt. Dann wäre ich schon lieber in Bremen wohnungslos gewesen.«

In Bremen lebte damals eine gute Freundin von Regina, und zudem hatte eine ihrer Patentanten früher hier gewohnt. Dadurch kannte sie die Stadt, hatte einen positiven Bezug zu ihr. Nach einer Krebserkrankung wollte Regina daher in Bremen einen Neuanfang wagen.

Obwohl sie seit 2012 in ihrer jetzigen Wohnung lebt, besucht Regina seitdem mehr oder weniger regelmäßig das *frauenzimmer*. Zur Teilnahme an der Schreibwerkstatt kann ich sie jedoch nicht bewegen. Ihr gefielen zwar, wie sie betont, die im Workshop entstandenen Texte, die wir vor einiger Zeit an einer Wand im Café präsentiert haben, sie selbst könne sich aber in so einem Kreis nicht öffnen.

Leider, wie ich finde, denn mehrmals erwähnt sie in unserem Gespräch, dass sie gerne Briefe schreibt und Tagebuch. Daher vermute ich, dass sie auch in der Schreibwerkstatt Freude daran haben könnte, etwas zu Papier zu bringen. Aber selbst mein Einwand, dass sie die Texte in der Runde nicht vorlesen müsse, überzeugt sie nicht. Im Laufe des Jahres versuche ich es trotzdem immer mal wieder, bis es schließlich zwischen uns zu

einem Spiel geworden ist, einem Running Gag: Ich frage, sie winkt ab – unwirsch und gleichzeitig amüsiert.

Ins *frauenzimmer* kommt Regina vor allem, um das Internet zu nutzen, Wäsche zu waschen und hin und wieder auch, um zu duschen. Sie besitzt zwar eine eigene Waschmaschine, aber die ist nicht angeschlossen. Außerdem fehlt ihr die Möglichkeit, Wäsche zu trocknen, daher ist sie froh, dass es im *frauenzimmer* einen Trockner gibt.

»Und zum Duschen komme ich, weil meine Wohnung etwas zugestellt ist«, sie zögert kurz, »mit den Sachen meines Bruders, der 2018 verstorben ist. Auch das Badezimmer ist voll davon, und in der Dusche stehen Kartons mit seinen Aktenordnern. Ich kann mich einfach nicht von den Dingen trennen, an denen Udo hing! Er hatte zum Beispiel ein Faible für Multifunktionswesten. Von denen besaß er zum Schluss zehn Stück, und die habe ich alle behalten. Als ich nach seinem Tod die Wohnung aufgelöst habe, sind die Möbel zwar fast alle auf dem Sperrmüll gelandet, und einige andere Dinge habe ich ins Sozialkaufhaus gebracht oder im Bekanntenkreis verschenkt. Trotzdem habe ich insgesamt noch vierzig Kisten mit seinen Sachen! Ein Teil davon steht in meiner Wohnung, ein Teil in der Garage, die ich extra dafür angemietet habe. Dinge, die auf keinen Fall wegkommen dürfen, habe ich in großen Taschen verstaut, die bei mir zu Hause überall verteilt sind. Die Wohnung hat nur 43 Quadratmeter, ich kann mich darin kaum noch bewegen. Und putzen kann ich auch nicht, wenn alles vollsteht. Ich arbeite ja schon an mir, sage mir: Regina, du kannst das alles so lange aufbewahren, wie du willst, aber er kommt nicht wieder, er ist jetzt …« Sie stockt, ist den Tränen nahe, fängt sich aber nach ein paar Sekunden wieder.

»Wir waren wie Zwillinge«, sagt sie dann leise.

Regina wuchs mit ihren Eltern, ihrem knapp zwei Jahre älteren Bruder Udo und einer Halbschwester in einer Sozialwohnung in Minden auf. Ihr Vater war Elektriker, die Mutter ganztägig als Reinigungskraft tätig. Während sie und ihr Bruder schon als Kinder ein Herz und eine Seele waren, hatte Regina zur Schwester, die aus der ersten Ehe des Vaters stammt, nie ein gutes Verhältnis.

»Die war der Liebling meines Vaters. Sein Engelchen!«

Reginas Stimme klingt jetzt wieder forsch und diesmal auch wütend. »Die konnte machen, was sie wollte. Und mein Bruder war der Liebling meiner Mutter, weil er ihr Erstgeborener war. Ich rangierte bei meinen Eltern nur unter ferner liefen, mich haben sie im Regen stehen lassen.« Und nach einer kurzen Pause: »Mein Vater war ein Tyrann. Wenn er schlechte Laune hatte, wurden beim Abendbrot alle in der Familie heruntergemacht – nur meine Halbschwester natürlich nicht!« Sie macht eine abfällige Handbewegung. »Mein Bruder hat das meiste abgekriegt, den hat mein Vater immer wieder als dumm, als strohdoof bezeichnet. Udo saß dann so da«, sie starrt kurz mit gesenktem Kopf auf den Tisch, »und meine Mutter ist in die Küche gegangen und hat geheult. Nur ich habe mich getraut, vor den Augen meines Vaters zu weinen. ›Ich werde dir gleich was geben, dass du heulen kannst‹, hat er dann gesagt, und ich habe dreimal geschluckt, starre Augen gekriegt, und schon war meine Heulattacke vorbei. Obwohl ich durch meine Psychotherapie gelernt habe, Gefühle zuzulassen, mache ich das heute oft noch so. Udo hat sein Leben lang keine Gefühle zeigen können, den hat mein Vater verbal regelrecht totgeschlagen.«

Im Nachhinein ist sich Regina sicher, dass ihr Bruder hochbegabt war, nur dass das damals, Anfang der 60er-Jahre, niemand erkannt hat. Sie selbst war schon als Kind wissbegierig, hat sich in der Bibliothek ständig Sachbücher zu unterschiedlichen Themen ausgeliehen. Dass sie aufs Gymnasium ging, kam aber nicht infrage.

»Wir waren schließlich eine Arbeiterfamilie«, sagt sie. Und mit sarkastischem Unterton: »Außerdem wäre ich dann ja irgendwann schlauer gewesen als der Liebling meines Vaters.«

Immer wieder kommt sie auf die Ungerechtigkeit zu sprechen, dass ihr Vater die Halbschwester vorgezogen und sich bei Streitigkeiten auf deren Seite gestellt hat, dass er niemals ihr, sondern immer der Schwester geglaubt hat.

»Obwohl ich ein wahrheitsliebender Mensch bin!«, empört sie sich. »Ich habe früher sogar die Wahrheit gesagt, wenn es zu meinem Nachteil war.«

Auf der Suche nach Anerkennung und Zuneigung wurde Regina weder bei ihren Eltern noch bei den Großeltern fündig. Oma und Opa mütterlicherseits waren schon früh gestorben. Über die Großeltern väterlicherseits sagt sie im Nachhinein: »Das waren alte Nazis, und sie haben sich auch genau so verhalten.«

Also wandte sie sich an ihre Patentanten. Eine der beiden wohnte nach der Scheidung von Reginas Onkel zunächst noch in der Nähe. Bei ihr kreuzte Regina oft nach der Schule auf und wurde, wie sie sagt, nur selten abgewiesen.

»Ich stand dann vor ihrer Tür: Hallo, ich bin's! Hier bin ich!«

Bei der Erinnerung daran muss Regina lachen, und ich kann mir gut vorstellen, wie sie als Mädchen in ihrer Not und Bedürftigkeit entschlossen bei der Tante anklingelt. Doch die heiratete irgendwann erneut, zog in eine andere Stadt und verschwand von heute auf morgen aus Reginas Leben.

Zur zweiten Patentante, Lene, die in Bremen wohnte und die Regina ihre Lieblingspatentante nennt, hatte sie trotz der Entfernung von Kindheit an ein sehr gutes Verhältnis.

»Wir haben uns regelmäßig geschrieben«, erzählt Regina. »Auf meine Briefe hat Tante Lene immer geantwortet! Sie war auch die Einzige, die mich vor Geburtstagen gefragt hat, was ich mir wünsche.«

Ob ihre Eltern sie niemals nach ihren Wünschen gefragt hätten, möchte ich wissen.

»Nein«, sagt sie und schüttelt vehement den Kopf. »Aber ab meinem fünfzehnten Lebensjahr hat Tante Lene mir immer 50,- DM zum Geburtstag geschickt, damit ich mir was Schönes kaufen konnte. Das fand ich toll! Tante Lene ist immer auf mich eingegangen. Sie war durch und durch zugewandt. Ihr habe ich mein psychisches Überleben zu verdanken. Als Kind dachte ich, sie sei eine Verwandte, aber das stimmte nicht. Sie war die Magd auf dem kleinen Bauernhof meines Großvaters väterlicherseits in Westpreußen gewesen. Nach dem Zweiten Weltkrieg ist sie mit meinen Großeltern zusammen geflohen. Das alles habe ich aber erst auf meiner Konfirmation erfahren und das auch nur durch Zufall. Über solche Dinge wurde in unserer Familie nicht gesprochen. Bis zu ihrem Tod Anfang der 80er-Jahre standen Tante Lene und ich in engem Kontakt und waren uns emotional sehr nahe.«

Obwohl Regina von ihren Eltern wenig Unterstützung erhielt, gelang es ihr, nach der Hauptschule und einer Lehre als Friseurin, auf dem zweiten Bildungsweg ihren Realschulabschluss und anschließend das Abitur zu machen. Später begann sie, in Ulm Wirtschaftsmathematik zu studieren. Auch hier war sie auf sich allein gestellt: Ihr Studium musste sie sich durch Nachtwachen in der Ulmer Uniklinik finanzieren.

»Das passte aber nicht gut zusammen«, sagt sie. »Oft bin ich in den Vorlesungen eingeschlafen und habe mich damit zum Gespött des Auditoriums gemacht. Schließlich habe ich mich schweren Herzens exmatrikuliert. Das tut mir heute noch in der Seele weh.«

Elf Jahre lang arbeitete Regina anschließend noch in der Klinik, bis sie die Stelle wegen eines Burnouts aufgeben musste. Danach ging sie kein festes Arbeitsverhältnis mehr ein. Bis heute lebt sie von Sozialhilfe und kommt damit, wie sie sagt, gut zurecht. Dass sie schon seit vielen Jahren nicht mehr arbeitet, erklärt sie so:

»Ich bin in jedem Job, den ich hatte, früher oder später gemobbt worden. Irgendwann habe ich dann gesagt: Never ever! Darauf kann ich wirklich verzichten! Meinem Bruder ist es übrigens genauso ergangen. Er ist sogar noch viel schlimmer gemobbt worden als ich. Ich habe zumindest versucht, mich zu wehren, aber er hat alles in sich hineingefressen. Mir kann keiner sagen, dass Mobbing jeden treffen kann! Dafür braucht es eine gewisse Persönlichkeitsstruktur. In meinen Augen verhalten sich Menschen oft wie Wölfe. Die spüren, bei wem sie Oberwasser bekommen können, und dann geht es los. Einer, der so steht«, sie springt auf und streckt sich, »der wird niemals gemobbt!«

Aufgrund ihrer Erkrankungen ist Regina seit vielen Jahren gehandicapt. Sie leidet an Depressionen und einer generalisierten

Angststörung. Zudem wurde bei ihr das Borderline-Syndrom diagnostiziert, das aber, wie sie erläutert, insgesamt gesehen nur einen geringen Teil ihrer Krankheit ausmacht. Zweimal war sie wegen ihrer schlechten psychischen Verfassung schon in einer Rehaklinik, drei ambulante Psychotherapien hat sie bislang gemacht, regelmäßig nimmt sie Antidepressiva. Zur Bewältigung ihres Alltags hat sie zudem seit vielen Jahren Betreuerinnen oder Betreuer an ihre Seite, aktuell zwei Sozialarbeiterinnen der Bremer Werkgemeinschaft.

Obwohl sie wegen ihrer psychischen Erkrankungen schon oft angefeindet wurde und immer wieder Mut schöpfen muss, um darüber zu sprechen, will sie weiterhin offen mit dem Thema umgehen. Nicht nur aus persönlichen Gründen, wie sie sagt, sondern auch, weil sie es allgemein wichtig findet, psychische Krankheiten nicht zu tabuisieren.

»Ich habe nichts zu verbergen«, sagt sie, »ich bin deswegen schließlich kein schlechter Mensch. Außerdem gibt es ja Gründe dafür, dass ich krank bin.«

Sie schweigt einen Augenblick. Die ersten Sätze kommen noch stockend, als sie dann erzählt:

»Angefangen hat das alles in meiner ersten und einzigen langen Beziehung, in Ulm. Da war ich in meinen Zwanzigern. Diesen Mann habe ich heiß und innig geliebt, mit dem wollte ich alt werden. Aber er hat mich nach Strich und Faden verarscht, hat mich betrogen und ständig niedergemacht.«

Sie macht mit beiden Händen mehrmals hintereinander eine Bewegung, als würde sie etwas Schweres nach unten drücken.

»Ich vermute mal«, fährt sie dann fort, »ich war ihm zu selbstbewusst. Er wusste auch genau, welche Knöpfe er bei mir drücken musste, damit ich mich aufrege. Früher bin ich ja immer gleich in die Luft gegangen. Ständig gab es Streit. Ein paarmal habe ich ihn deswegen aus unserer Wohnung geschmissen, aber wir sind immer wieder zusammengekommen. Irgendwann

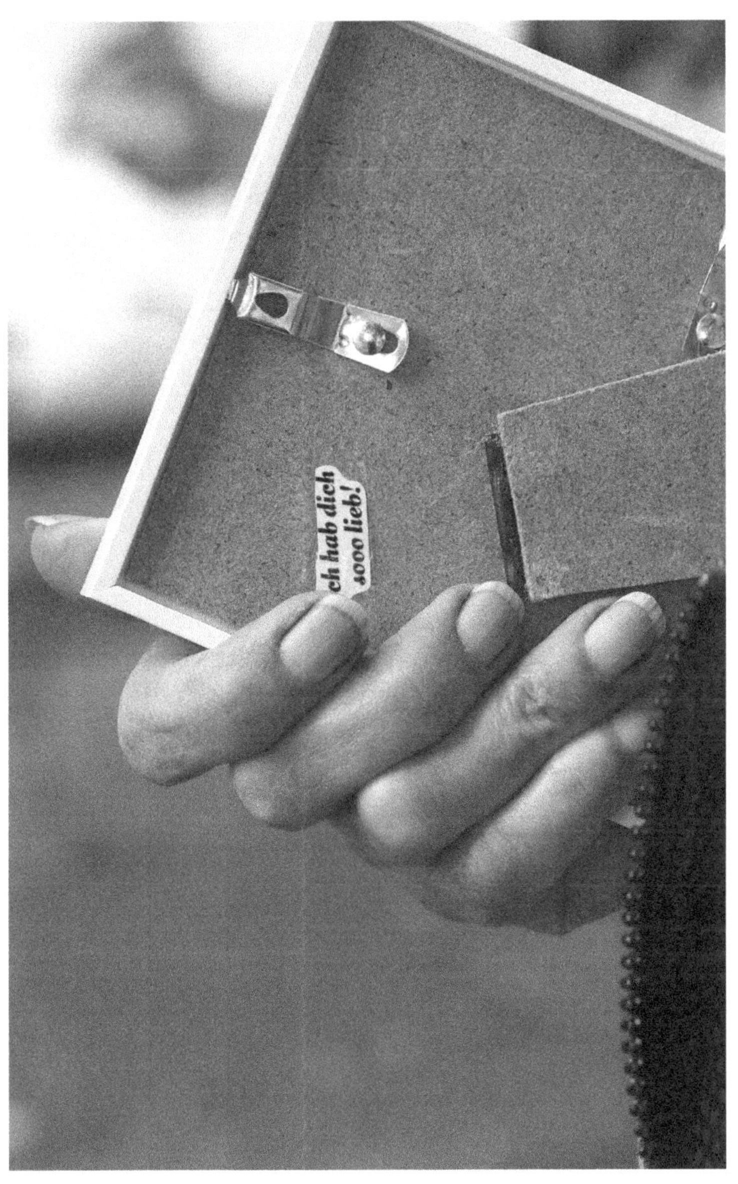
ch hab dich
sooo lieb!

habe ich mich selbst nicht mehr wiedererkannt. Ich habe die ganze Zeit geheult und wusste nicht, warum. Fünf Selbstmordversuche habe ich im Laufe der Beziehung unternommen. Das war meine Art der Selbstverletzung, das habe ich später in der Borderline-Gruppe erkannt. Den letzten Selbstmordversuch habe ich nur knapp überlebt. Dadurch ist mir bewusst geworden, dass ich eigentlich gerne lebe. Nur nicht so!« Sie reckt beide Daumen nach unten. »Ich hatte dann nur zwei Alternativen: Entweder mache ich eine Psychotherapie oder ich springe in die Donau. Als ich herausgefunden habe, dass der Typ mich seit Jahren schon betrogen hatte, mit ein und derselben Frau, habe ich endgültig Schluss gemacht. ›Du kommst sowieso wieder angekrochen‹, hat er ganz gehässig gesagt, total abwertend. Aber ich habe durchgehalten. Zum Glück hatte ich damals schon die Therapie. Nach dieser Geschichte hatte ich noch zwei Affären, aber dann habe ich für mich entschieden: Diese Scheiße brauche ich nicht mehr! Dass ich Beziehungen mit Männern eingehe, die mich runtermachen, liegt an meinem Vater.«

Regina nimmt die Zigarettenschachtel in die Hand, klopft damit mehrmals auf den Tisch. Ich frage, ob sie eine Rauchpause machen möchte. Sie nickt, erzählt dann aber gleich weiter:

»Von meiner Mutter habe ich diese gewisse Naivität, dass ich immer von allen das Beste annehme und mir zu viel gefallen lasse. Mein Bruder war ähnlich. Aber ich bin schon kritischer geworden, skeptischer.«

Um über einen Vorfall und die Reaktion ihres Vaters darauf zu sprechen, muss sie sich überwinden, will die Geschichte aber loswerden.

»Das geht mir gar nicht mehr aus dem Kopf«, sagt sie und erzählt, dass sie als Jugendliche von ihrem Cousin vergewaltigt wurde. Sie hatte ihm nach der Tat zwar versprochen, ihn nicht zu verraten, wenn er sie dafür in Ruhe ließe. Aber als ihr Onkel, der Vater des Cousins, bei einer Familienzusammenkunft über sie und ihren Bruder herzog, ist es doch aus ihr herausgeplatzt.

»Mein Cousin hat natürlich alles abgestritten, hat behauptet, das Ganze wäre nur Spaß gewesen. Und mein Vater hat gesagt: Dann wirst du selbst schuld gewesen sein. Der eigene Vater sagt so etwas!«, empört sie sich. »Der eigene Vater! Dabei weiß ich genau, ich hätte auch einen Sack tragen können und es wäre trotzdem passiert. Die Vergewaltigung ist auch der Grund, warum ich kein gutes Verhältnis zur Sexualität habe. Mein damaliger Freund in Ulm ist der einzige Mann, mit dem der Sex gut war. Seit der Trennung von ihm habe ich wie eine Nonne gelebt. Aber ehrlich gesagt, habe ich auch nichts vermisst.«

Regina bezeichnet sich und ihren Bruder als beziehungsgeschädigt. Genau wie sie war auch Udo nie verheiratet, hatte lediglich in jungen Jahren engere Beziehungen, die aber in die Brüche gingen. Regina und er haben daher viel zusammen unternommen, sind zum Beispiel ins Museum und auf den Bremer Freimarkt gegangen oder gemeinsam verreist. Dass ihr Bruder nun nicht mehr da ist, ist für sie kaum zu begreifen, vor allem, sagt sie, wegen der Begleitumstände, die zu seinem Tod führten.

»Er war noch voller Hoffnung, obwohl er Lungenkrebs im Endstadium hatte. Die letzten Monate hat er bei mir in Bremen verbracht, hat hier Chemotherapie gemacht und ist später ins Krankenhaus gekommen. Dort ist er dann unerwartet schnell gestorben. 2018 war das. Bei seinem Sterbeprozess war ich dabei. Das war schrecklich!«

Sie stockt wieder, schüttelt den Kopf, und als sie fortfährt, liegt Trauer, aber auch Wut in ihrer Stimme:

»Er hat die ganze Nacht durchgeschrien, aber die Nachtschwester hat ihm die nötigen Medikamente verweigert. Ich habe deswegen später eine Strafanzeige gestellt, aber die Sache ist natürlich im Sande verlaufen. Udos qualvolles Sterben kann ich

einfach nicht vergessen. Deswegen möchte ich demnächst eine Traumatherapie machen. Aber durch die Depression schaffe ich es nicht, mich um einen Therapieplatz zu kümmern. Ich habe oft einfach keine Energie. Das geht rauf und runter.« Sie macht mit dem Arm eine Wellenbewegung.

Auch das Zusammensein mit anderen Menschen, mit Freunden, kostet Regina meistens zu viel Kraft. Erschöpft verbringt sie daher viel Zeit vor dem Fernseher, schaut sich am liebsten Naturdokus an, Tieraufnahmen. Als sie mir von einem Film über Eichhörnchen erzählt, kommt sie regelrecht ins Schwärmen.

»Ich liebe Eichhörnchen!«

Auf meine Frage, was sie neben Tierfilmen sonst noch möge, muss sie erst einmal überlegen, sagt dann, dass sie gerne klassische Musik höre, aber viel zu selten.

Sie ist oft allein. Doch das mache ihr nichts aus, meint sie, das sei sie seit ihrer Kindheit gewohnt. Sie hofft aber, irgendwann noch einmal die Energie aufzubringen, die Reisen anzutreten, die sie eigentlich gemeinsam mit ihrem Bruder geplant hatte.

»Mein Bruder hatte eine sogenannte Löffelliste, auf der stand, was er noch alles machen wollte, bevor er den Löffel abgeben musste«, sagt sie mit einem Schmunzeln. »Unter anderem war sein Wunsch, mit mir nach Paris zu reisen. Und nach Zürich. Das will ich jetzt alleine machen. Zwischen Mittlerer Reife und Abi habe ich zwei Jahre lang in Zürich gelebt und dort als Schwesternhelferin gearbeitet. Hätte ich nicht unbedingt studieren wollen, würde ich heute noch in der Schweiz leben, vermutlich glücklich und zufrieden! Zürich ist seitdem mein Sehnsuchtsort. Auch zu den Orten, die ich schon mit meinem Bruder zusammen besucht habe, möchte ich noch mal fahren, nach München zum Beispiel – in Erinnerung an ihn und um mit der ganzen Sache abzuschließen. Zu diesem endgültigen Abschied von Udo gehört auch, dass ich mich von seinen Sachen trenne und die Wohnung wieder auf Vordermann bringe. Mit meinen Sozialarbeiterinnen bin ich da jetzt auch dran. Mein Verhalten geht ja schon in Richtung Messie, obwohl ich von Haus aus eigentlich niemand bin, die gerne sammelt. Früher war ich sogar extrem ordentlich. Dass meine Wohnung heute so aussieht, hat eben vor allem mit den Umständen zu tun, wie mein Bruder gestorben ist, da komme ich einfach nicht drüber hinweg. Ich hoffe wirklich sehr, dass ich es im Laufe der Zeit mit Hilfe einer Traumatherapie schaffe, dieses furchtbare Erlebnis zu verarbeiten, Udos Tod zu akzeptieren und mit mir ins Reine zu kommen.«

# Nadine

## »Vielleicht ist das mein Schicksal«

Meistens sitzt sie im *frauenzimmer* in der Sofaecke, das Smartphone in der Hand, kaum lässt sie den Blick davon. Dass Nadine sich mit den anderen Besucherinnen des Cafés unterhält, kommt selten vor. Wenn ich mittags in die Runde frage, wer ein Essen bekommen möchte, hebt sie gleich die Hand und setzt sich an einen der Tische. Über das Essen sind wir auch ins Gespräch gekommen. Als ich ihr eines Tages das Tablett mit dem Mittagessen hinstelle und guten Appetit wünsche, lächelt sie mich an und bedankt sich, sagt mit sanfter, etwas kehliger Stimme: »Die Gerichte hier schmecken immer sehr gut.«

Ich setze mich einen Augenblick zu ihr, und sie erzählt mir, dass sie in dem Hotel in Bahnhofsnähe, in dem sie von der Zentralen Fachstelle Wohnen ein Zimmer vermittelt bekommen hat, keine Möglichkeit habe, zu kochen. Eine gute Ernährung sei aber sehr wichtig.

Nachdem wir uns danach noch ein paar Mal im *frauenzimmer* begegnet sind, frage ich Nadine, ob sie Lust hätte, an der Schreibwerkstatt teilzunehmen. Sie schüttelt den Kopf, will zunächst nicht dabei sein. Ob sie mir denn ihre Geschichte erzählen möge, frage ich weiter. »Das ja«, sagt sie und strahlt mich an.

Nadine ist 39 und stammt aus Kamerun. Ihre Gesichtszüge sind ebenmäßig, die kurzgeschnittenen Haare liegen eng an ihrem Kopf an. Normalerweise kleidet sie sich modisch, aber eher lässig, trägt bequeme Hosen und Oberteile. Doch vor unserem Treffen am Nachmittag ist sie noch einmal in ihre Unterkunft gegangen, um sich umziehen. Zurück im *frauenzimmer* trägt sie nun einem Rock und eine bunt-gemusterten Bluse aus schimmerndem Stoff.

Ich hatte ihr angekündigt, unsere Unterhaltung aufzuzeichnen, und sie hatte mich missverstanden, war nicht von Ton-, sondern Filmaufnahmen ausgegangen. Dass ich mich nun ›underdressed‹ fühle, sage ich scherzhaft. Sie lacht, setzt sich zu mir, legt ihr Telefon vor sich auf den Tisch. Im Laufe des Gesprächs wirft sie immer mal wieder einen Blick darauf, als warte sie auf eine Nachricht.

Ich habe bereits alles vorbereitet und so können wir gleich mit unserem Gespräch beginnen.

Nadine ist ein bisschen aufgeregt, aber als ich gleich zu Anfang etwas über ihr Heimatland erfahren möchte, kommt sie ins Erzählen und taut dabei allmählich auf. Sie schwärmt von dem tropischen Klima in Kamerun, der Wärme, die sie hier in Deutschland so vermisst, erzählt von der Atlantikküste ihres Landes und der Waldlandschaft im Osten. Immer wieder frage ich neugierig nach, und sie lacht, wenn ich etwas, das für sie selbstverständlich ist, nicht weiß. Ihr Lachen ist dann fröhlich, nicht abwertend. Dennoch ist es mir unangenehm, über ihr Land nicht gut genug informiert zu sein. Ich verspreche ihr, darüber nachzulesen. Auch auf die Kolonialgeschichte Kameruns kommen wir zu sprechen. In der Hauptstadt Jaunde, in der sie aufgewachsen ist, seien die Einflüsse der deutschen, französischen und britischen Fremdherrschaft noch sichtbar, sagt Nadine, dort gebe es eine Mischung aus Tradition und Modernität. In ihrer Familie werde Ewondo und Französisch gesprochen.

Dass sie auch gut Deutsch spreche, stelle ich fest.

»Es könnte besser sein, aber ich kann mich zumindest verständigen«, sagt sie und stellt damit, wie häufig, ihr Licht unter den Scheffel.

Sie spricht langsam und bedacht. Hin und wieder sucht sie nach einem Wort, einer Formulierung, die ihr zunächst nur auf Französisch einfällt. Wenn sie erzählt, macht sie zwischendurch oft Pausen, scheint dann jeden Satz zunächst in Gedanken vorzuformulieren, bevor sie ihn ausspricht.

Nadine wuchs mit ihren Eltern und vier Geschwistern auf. Aber auch etliche Cousinen und Cousins aus den Dörfern, aus denen Nadines Eltern ursprünglich stammten, lebten zeitweise mit in der Familienwohnung.

»Bei uns war es immer ziemlich voll«, sagt sie und lacht bei der Erinnerung daran. »In Kamerun endet die Schulzeit auf dem Land meist schon nach vier bis sechs Jahren. Wer mehr Bildung erlangen möchte, muss in die Städte ziehen.«

Schon Nadines Eltern waren in ihrer Jugend bei Verwandten in Jaunde untergekommen, um weiterführende Schulen zu besuchen. Die Mutter war dann später als Beamtin bei der Stadt angestellt, der Vater arbeitete im Krankenhaus als Gynäkologe. Er hatte in der damaligen Sowjetunion Medizin studiert und sich spezialisiert, war, so Nadine, in Kamerun in seinem Beruf erfolgreich und angesehen. Die Eltern verdienten beide gut, die Familie war wohlhabend. Doch als Nadine achtzehn war, änderte sich die Familiensituation: Ihr Vater starb.

»Er hat uns verlassen«, sagt sie traurig. »Es war wie ein Bruch. Über die Zeit danach rede ich nicht gerne. Es war sehr schwer.«

Mit zwanzig begann Nadine dann ein Studium an der Bremer Uni.

»Dass ich in Deutschland einen Studienplatz bekommen habe, hat mich sehr gefreut. Hier zu studieren, war für mich als Frau vielversprechend.«

2012 machte sie ihren Abschluss.

»Ich bin Elektroingenieurin«, sagt sie stolz und richtet sich dabei auf ihrem Stuhl auf. Normalerweise sitzt sie gebeugt da, so als trüge sie eine Bürde auf ihren Schultern. Doch auch Stolz und Stärke kann sie körperlich ausdrücken. Das wird vor allem bei unserem späteren Fototermin deutlich, als sie die Treppe zur Notunterkunft beinahe königlich hinaufschreitet.

Während ihres Studiums bewohnte Nadine ein Zimmer im Studentenwohnheim, hatte Freude am Studieren, lernte mit Begeisterung. Freundschaften entstanden, und sie verliebte sich in einen Mann, der ebenfalls aus Kamerun stammte. Die beiden wurden ein Paar. Nach seinem Studienabschluss fand ihr Freund dann gleich einen Job in der Münchner Autoindustrie,

und als Nadine einige Zeit später ihren eigenen Abschluss in der Tasche hatte, beschloss sie, ihm zu folgen.

»Aus dem Studentenwohnheim musste ich ja irgendwann raus. Ich hätte also keine Wohnung mehr gehabt in Bremen, gar nichts.«

Die beiden heirateten, und Nadine begann, in ihrem Beruf als Elektroingenieurin zu arbeiten. Zwei Jahre später wurde ihre Tochter geboren.

»Vielleicht ist es die Tradition, die Erziehung«, überlegt sie, »aber für mich war nicht nur Bildung wichtig, sondern auch, zu heiraten und eine Familie zu gründen. Das musste sein. Es wurde dann aber extrem schwierig, Familie und Beruf zu vereinbaren. Vielleicht auch, weil wir in einem fremden Land lebten – die andere Sprache, die andere Kultur ...« Sie hält inne, wiegt den Kopf hin und her. »Vielleicht wäre es in Kamerun einfacher gewesen«, mutmaßt sie dann. »Eigentlich sind wir ja nur zum Studieren nach Deutschland gekommen.«

Ob sie denn lieber nach Kamerun zurückgegangen wäre, frage ich sie, und sie nickt.

Ihr Mann jedoch wollte in Deutschland bleiben, denn er hatte mittlerweile eine gute Position in seinem Job. Daher kauften sie eine Wohnung in der Nähe von München, wollten sich vergrößern und raus aus dem Trubel der Stadt, ins Grüne. Aber in der Ehe begann es bald zu kriseln.

»Eigentlich sollte es ja eine schöne Geschichte sein, aber irgendwann war keine feste Bindung mehr da.«

Nadine verschränkt die Finger und zieht sie langsam wieder auseinander, um zu verdeutlichen, was sie meint.

»Schließlich haben wir uns scheiden lassen«, sagt sie bedrückt, »und sind zurück nach München gezogen. Aber in getrennte Wohnungen.«

Und eure Tochter?, möchte ich wissen. Sie zögert. Dann:

»Die musste beim Papa bleiben. Ich war ein bisschen angeschlagen. Außerdem wollte ich versuchen, wieder selbständiger zu werden und beruflich noch mal durchzustarten. Meine Tochter und ihr Papa haben dann einen eigenen Rhythmus gefunden. Ich stand irgendwie nur daneben.«

Während Nadine die damalige Situation schildert, beginnt sie, mit der flachen Hand auf den Tisch zu hauen, spricht im Takt ihrer Schläge.

»Die Konstellation war nicht optimal. Er hat alles organisiert. Ich hätte meine Tochter ja zum Beispiel von der Schule abholen können oder vom Sport. Ich habe versucht, die beiden zu unterstützen, aber ich war nicht integriert, ich …« Sie presst die Lippen zusammen, schüttelt den Kopf, schaut vor sich auf die Tischplatte.

Ob sie denn zurzeit noch Kontakt zu ihrer Tochter habe, frage ich nach einer Weile vorsichtig.

»Eher wenig«, sagt sie leise. »Zu viel Kontakt ist nicht gewünscht. Es heißt, sonst würde sie mich noch mehr vermissen. Aber ich denke sehr oft an die schöne Zeit mit ihr.«

Die Scheidung und die damit auch einhergehende Trennung von ihrer Tochter hatten Nadine sehr mitgenommen. Andauernd war sie niedergeschlagen und müde. Daher konnte sie nicht die nötige Energie aufbringen, sich adäquat um die Jobsuche zu kümmern und schaffte es auch ansonsten kaum, ihr Leben in den Griff zu bekommen.

»In unserer Kultur kennen wir das Wort Scheidung nicht«, erklärt sie. »Eine Ehe ist für immer gedacht. Mein Ex-Mann und ich sind Christen, wir haben auch kirchlich geheiratet. Doch plötzlich war alles zusammengebrochen. Ich war allein, alles war leer, ich war verloren, am Ende.«

Nadines psychische Krise hatte schon begonnen, als sich ihre Ehe noch in Auflösung befand. Sie litt an Depressionen. Auf Anraten ihres Hausarztes entschloss sie sich daher, im Mai 2022 in eine psychiatrische Klinik zu gehen. Dort blieb sie mehrere Wochen und war danach körperlich und seelisch wieder etwas stabiler. Aber sie konnte in München nicht mehr Fuß fassen, fühlte sich bei Mann und Kind und auch sonst nirgendwo mehr zugehörig.

In ihrer Verzweiflung beschloss sie kurzerhand, ihre Wohnung aufzugeben und nach Köln zu gehen. Ohne dort eine feste Bleibe zu haben. Der Professor, bei dem sie in Bremen ihre Abschlussarbeit geschrieben und der sie während ihres Studiums schon unterstützt hatte, war mittlerweile an der Kölner Universität beschäftigt. Von ihm erhoffte sie sich Rat und Hilfe bei der Suche nach einer Wohnung und einem Job, wusste nicht, an wen sie sich sonst wenden sollte. Ohne ihren ehemaligen Mentor darüber zu informieren, schickte sie vor ihrer Abreise aus München zwei große, je zwanzig Kilo schwere Kartons mit persönlichen Dingen an seine Uni-Adresse und gab sie auch beim Amt für soziale Dienste an.

»Davon fühlte er sich …«, sie sucht nach einem passenden Wort. Ich helfe mit »überrumpelt« aus. Sie nickt.

»Hier bin ich, da sind meine Sachen – das war wahrscheinlich zu viel für ihn, da ist er auf Abstand gegangen.«

Sie beginnt, wieder mit der Hand auf den Tisch zu klopfen, erst nur zart, dann immer vehementer.

»Weil ich ein paar Mal zu ihm gegangen bin, hat er veranlasst, dass ich an der Uni Hausverbot bekomme. Und sogar die Polizei verständigt. Er hat gar nicht verstanden, dass ich in Not bin, dass ich so etwas sonst nicht machen würde.«

Sie stockt, zieht die Augenbrauen zusammen, nimmt einen Kugelschreiber vom Tisch auf, drückt mit dem Daumen mehrmals nervös auf den Druckknopf am Ende des Stiftes und erzeugt dadurch ein rhythmisches Klack-Geräusch. Ich warte. Nach einer Weile legt sie den Stift zurück und klingt nun eher resigniert als wütend:

»In Deutschland geht das eben nicht, nach so vielen Jahren privat wieder Kontakt aufzunehmen und sich Unterstützung zu erhoffen. Das hätte ich wissen müssen. Aber ich dachte, ich versuche es mal.«

Sie zuckt mit den Schultern, scheint sich wieder beruhigt zu haben, schmunzelt. »Ich mache manchmal solche Sachen.«

Ihre beiden Kartons wurden zurück nach München geschickt, an die Adresse, die schon gar nicht mehr existierte. Wo ihre Sachen nun abgeblieben sind, weiß sie nicht. Auch wichtige Dokumente sind dabei, Zeugnisse und die Scheidungsunterlagen.

»Das ist eine Sache, die noch auf mich zukommt: Ich muss diese Kartons finden«, sagt Nadine.

Bei ihrem Ex-Mann hat sie noch ein paar Kisten deponiert, vor allem mit Erinnerungsstücken an ihre Tochter. Möbel besitzt sie keine mehr.

Obwohl irgendwann klar war, dass sie vonseiten ihres Professors keine Hilfe zu erwarten hatte, beschloss Nadine, in Köln

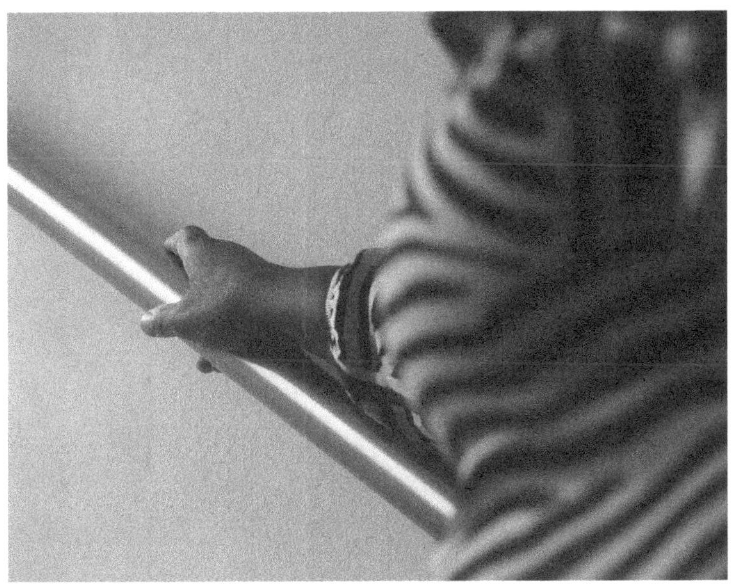

zu bleiben. Sie fand einen Platz in einer Notunterkunft, in einem von der Stadt für Obdachlose bereitgestellten Hotel. Dort gefiel es ihr aber ganz und gar nicht. Die Mitbewohnerinnen, mit denen sie sich das Zweibettzimmer zeitweise teilen musste, beschreibt sie als egoistisch und aufdringlich. Die Frauen verstanden nicht, dass sie Ruhe brauchte, Abstand zu dem, was passiert war und ausreichend Schlaf. Eine rauchte auf dem Zimmer, obwohl es verboten war, eine andere war derart aggressiv, dass sie sich fürchtete, die Frau könne ihr etwas antun. Auch Nadines Wunsch, den gemeinsamen Raum sauber zu halten, wurde meistens ignoriert.

Ihre Suche nach einer eigenen Wohnung in Köln oder Umgebung blieb allerdings erfolglos, und ohne Wohnung war auch die Jobsuche nahezu aussichtslos.

»Das Ganze war von vornherein zum Scheitern verurteilt«, lautet Nadines Fazit.

Weihnachten 2022 folgte sie dann einer Einladung des Vereins Afrika Netzwerk Bremen zum gemeinsamen Feiern und Essen. Auf dem Fest traf sie auch ehemalige Bekannte aus ihrer Studienzeit wieder.

»Das war sehr schön!«, sagt sie und strahlt.

Das Zusammentreffen befeuerte ihre Idee, nach etlichen Jahren in München und der Scheidung von ihrem Mann, nach Bremen zurückzukehren, um von hier aus noch einmal neu zu beginnen.

Meiner Frage, warum sie sich ausgerechnet Bremen für ein neues Leben ausgesucht habe, weicht sie zunächst aus. Als ich mich wenig später noch einmal nach dem Grund dafür erkundige, überlegt sie lange und erklärt dann:

»An diesem Ort habe ich damals eine Entscheidung getroffen, und ich frage mich, ob die richtig war. Wäre ich besser nicht nach München gegangen, sondern in Bremen geblieben? Oder nach Kamerun zurückgekehrt? Habe ich vielleicht den falschen

Mann geheiratet? Es kann ja sein, dass meine Ehe von vornherein zum Scheitern verurteilt war. Ich will diesen Druck nicht mehr von: gescheitert, gescheitert, gescheitert!«

Ihre Stimme ist lauter geworden, jedes »gescheitert« erhält einen Schlag mit der flachen Hand auf den Tisch.

»Ich hoffe, dass ich hier in Bremen herausfinde, was ich hätte anders, besser machen können«, fährt sie etwas gelassener fort, »vielleicht muss ich dann irgendwann nicht mehr an mir selbst zweifeln, vielleicht kann ich das dann korrigieren und einen anderen Weg gehen, vielleicht sogar zurück in meine Heimat.«

Nach all den Jahren wieder zurück in Bremen, konnte Nadine zunächst für zwei Wochen bei Bekannten wohnen, danach in der Notunterkunft für Frauen, von wo aus sie in das Hotel am Bremer Hauptbahnhof übersiedelte.

Auf meine Frage, wie es für sie sei, dort zu leben, mag sie nicht so recht eingehen, druckst ein wenig herum, sagt erst mal nur:

»Es ist gut, dass ich nicht auf der Straße leben muss.«

Aber dann schildert sie mir ihre Situation dort doch:

»Ich muss mir das Zimmer mit einer anderen Frau teilen. Eigentlich habe ich mir ein Einzelzimmer gewünscht, um mehr Privatsphäre zu haben. Ich hatte mal eine schöne große Wohnung und bin das daher gewöhnt. Aber jetzt lebe ich in einer Notunterkunft, da kann man es sich nicht aussuchen. Es ist gut, dass ich dort überhaupt unterkommen konnte, ich muss dankbar dafür sein. Auch dass es Leute gibt, die mir weiterhelfen, dass ich mit meinen Problemen nicht alleine dastehe. Ich brauche ja Unterstützung. Man merkt mir meine Schmerzen vielleicht nicht an, aber sie sind da.«

In dem Bremer Hotel für Wohnungslose fühlt sie sich zumindest wohler als in der Kölner Bleibe. Mit ihrer Mitbewohnerin kommt sie einigermaßen gut zurecht, und sie ist froh, dass der Raum mit einem eigenen Bad ausgestattet ist und sie nicht die Gemeinschaftsduschen benutzen muss. Allerdings fällt ihr in ihrem Zimmer oft die Decke auf den Kopf. Möglichkeiten, ihren Tag sinnvoll zu füllen, hat sie kaum. Das ist auch mit ein Grund, warum sie regelmäßig das *frauenzimmer* besucht. Und obwohl sie zunächst nicht dazu bereit war, nimmt sie in den nächsten Monaten doch zweimal an der Schreibwerkstatt teil, vor allem, weil wir an den beiden Nachmittagen Bilder, einzelne Wörter und Sätze aus Zeitschriften ausschneiden und zu Collagen zusammenstellen. Einen Text auf Deutsch zu schreiben, traut Nadine sich nicht zu, ihre Angst, Fehler zu machen, ist groß. Ein paar Zeilen bringt sie dann aber doch zu Papier.

*Mein Leben war bis jetzt wie …*
*… eine Kiepe, wie man sie in den Dörfern in Kamerun auf dem Rücken trägt. Früher war sie fast leer. Ab dem 18. Lebensjahr schon etwas schwerer und mit 28 Jahren bereits voll. Jetzt, mit Ende 30, lastet sie schwer auf meinem Rücken.*

In ihrem neuen Leben fühlt Nadine sich noch unsicher und verloren. Neue Freundschaften zu schließen oder an alte Bekanntschaften anzuknüpfen, fällt ihr schwer, ihr Selbstwertgefühl ist im Keller.

»Die Leute arbeiten ja alle«, sagt sie, »und ich habe keinen Job. Nicht mal eine Wohnung.«

Eine Wohnung zu finden, steht für sie an erster Stelle. Wenn sie die erst einmal hätte, so mutmaßt sie, ginge es ihr wahrscheinlich bald besser. Selbständigkeit würde sie dadurch wieder erlangen, Sicherheit, und Kontinuität, und alles andere würde sich dann ergeben: Freundschaften, die Anmeldung in einem Sportverein und vielleicht sogar ein Job. Auch eine Therapie möchte sie dann beginnen, um ihre Geschichte aufzuarbeiten.

Aber die Wohnungssuche erweist sich als schwierig. Obwohl sie dabei Unterstützung von der Zentralen Fachstelle Wohnen erhält, die ihr Listen mit für sie infrage kommendem Wohnraum zur Verfügung stellt und die Betreuerinnen im *frauenzimmer* ihr dabei helfen, diese Listen durchzugehen. Die eine oder andere Wohnung hat sie sich zwar schon angeschaut, aber jedes Mal wurden andere Bewerber vorgezogen.

»Vielleicht glaube ich nicht fest genug daran, dass es klappen könnte«, überlegt Nadine. »Ich muss es richtig wollen, dann kann ich auch die Vermieter überzeugen.«

In dieser Woche noch hat sie einen Termin beim Jobcenter. Dort will man mit ihr über ihre beruflichen Perspektiven sprechen.

»Elektrotechnik ist meine Leidenschaft«, schwärmt sie, »ich würde gerne wieder in einem Team arbeiten, zusammen mit anderen Innovationen entwickeln, Teil eines solchen Prozesses sein, dazugehören. Aber als Elektroingenieurin einen Job zu bekommen, wird schwer. In der Branche hat sich in den letzten Jahren ja so manches geändert, da bin ich mit meinem Wissen nicht mehr auf dem neuesten Stand.«

Etliches gibt es für Nadine momentan zu bedenken, nicht nur in beruflicher Hinsicht stehen für sie viele Fragen im Raum, Fragen, die sie sich selbst nicht endgültig beantworten kann: Was ist in der heutigen, krisenhaften Zeit im Leben wichtig? Und welches Leben wäre für sie optimal? Welche Prioritäten soll sie setzen, welchen Perspektiven nachgehen?

»Ich mag es strukturiert«, erklärt sie, »bin gewohnt, zu planen, aber zurzeit kann ich das nicht, weil ich nicht weiß, was morgen sein wird. Außerdem betrachte ich immer alles von verschiedenen Seiten und denke manchmal: Wenn ich schon nach all den Jahren wieder zurück in Bremen bin, könnte ich auch noch weiter zurückgehen, bis nach Kamerun. Und dort vielleicht gar nicht in der Stadt leben, in Jaunde, sondern im

Dorf meiner Vorfahren.« Sie lacht ein wenig verlegen, dann: »Eine innere Stimme sagt mir immer öfter: Geh zurück zum Ursprung. Vielleicht ist das mein Schicksal.«

Nicht lange nach unserem Gespräch kommt mir Nadine auf der Straße entgegen. Ihr Gang ist beschwingt, energiegeladen, ihre Augen leuchten.

»Ich habe eine Wohnung!«, freut sie sich, und ich freue mich mit ihr, beglückwünsche sie zu diesem Erfolg.

»Jetzt muss ich aber los«, sagt sie, nachdem wir uns eine Weile unterhalten haben, »Sachen für meine neue Küche besorgen.«

Danach sehe ich sie eine Zeitlang nicht. Als wir uns nach einigen Wochen wieder im *frauenzimmer* begegnen, ist sie nervös, will gleich wieder los. Zwischen Tür und Angel erzählt sie mir, dass sie mit der Einrichtung ihrer Wohnung momentan überfordert sei, dass es ihr immer noch nicht gut ginge. Ende des Jahres wolle sie daher erst mal nach Kamerun fliegen, um dort ihre Verwandten zu besuchen.

Und nun frage ich mich, ob ich sie danach noch einmal wiedersehen werde oder ob sie sich entscheiden wird, in Kamerun zu bleiben, um zu ihrem Ursprung, wie sie sagte, zurückzukehren.

# Iris

## »Ich wurde sozusagen ins Leben geschmissen«

Wenn Iris gegen Mittag das *frauenzimmer* betritt, durchquert sie mit schnellen Schritten, ohne nach links und rechts zu schauen, den Raum, nimmt an einem der Tische Platz, an dem bereits die Frauen sitzen, die sie schon länger kennt und mit denen sie gut auskommt, nickt kurz in die Runde, wechselt mit der einen oder anderen ein paar Worte und vertieft sich dann bald in eine Zeitschrift oder beginnt, ein Kreuzworträtsel zu lösen.

Iris ist 51, wird aber, wie sie sagt, meistens jünger geschätzt.

»Ich habe mich anscheinend trotz allem gut gehalten«, wundert sie sich. »Obwohl ich rauche und auch mal sehr viel Alkohol getrunken habe.«

Sie wirkt ernst und verschlossen und gleichzeitig so, als stünde sie ständig unter Strom. Wenn ich sie anspreche oder ihr ein Essen bringe, scheint es mir manchmal, als wundere sie sich über mein Lächeln, doch immer erwidert sie es, wenn auch mit Verzögerung. In der Weihnachtszeit bringt sie mir einmal ein kleines Geschenk mit. Im *frauenzimmer* gilt für uns Mitarbeiterinnen zwar die Regel, von den Besucherinnen keine Geschenke anzunehmen, da es deswegen schon oft zu Streit und Eifersüchteleien gekommen ist. Aber Iris' buntes Teelichtglas will ich nicht zurückweisen.

»Ich finde, die Farben passen gut zu dir«, sagt sie, als sie mir das Mitbringsel überreicht.

Sie selbst mag Grau und Schwarz, zumindest was ihre Kleidung betrifft, aber auch Glitzer und Strass. Die Haare blondiert sie, ihre Augen umrahmt sie mit schwarzem Kajal.

Zum Tagestreff kommt Iris, seit sie 2021, nach etlichen Jahren in eigener Wohnung, erneut obdachlos geworden war. Und obwohl sie seit ein paar Monaten wieder in einer eigenen Wohnung lebt, bleibt das *frauenzimmer* für sie ein Anlaufpunkt. Hier erhält sie mittags eine warme Mahlzeit, muss zu Hause nicht kochen, ist nicht allein. Vor allem Hannelore hat sie sich enger angeschlossen.

»Die strahlt eine große Ruhe aus«, sagt Iris, »das gefällt mir.«

Ihre Teilnahme an der Schreibwerkstatt macht sie daher auch davon abhängig, ob Hannelore an dem Nachmittag dabei ist oder nicht. Aber auch ihr Befinden spielt eine Rolle, ihre Tagesform. Oft ist ihr Kopf, wie sie sagt, voll mit Problemen, dann kann sie keinen klaren Gedanken fassen, sich nicht auf das Schreiben konzentrieren.

Nach einigem Zögern ist sie aber bereit, mir etwas über ihr Leben zu erzählen, Schritt für Schritt rollen wir an einem Nachmittag ihre Geschichte auf, manches fügt sie bei späteren Treffen noch hinzu.

Als Iris vor zwei Jahren ihre Wohnung verlassen musste und auf der Straße stand, kam sie zunächst in einem Hostel unter, in einer Notunterkunft, die im Winter von der *Kältehilfe* der Diakonie Bremen gestellt wurde. Dort fühlte sie sich einigermaßen wohl. Doch als die kalten Monate vorbei waren, lief das Projekt aus, und sie musste in ein Hotel in der Innenstadt umziehen.

»In dieses schlimme Hotel!«, erinnert sie sich. »Ich hatte aber Glück, dass ich ein Zimmer für mich alleine hatte, mit eigenem Bad. Die Gemeinschaftsduschen und -toiletten waren immer total verdreckt. Da wohnten ja Alkoholiker und Drogenabhängige. Das war schlimm! Ich hatte auch Angst, dass meine Post geklaut wird, wenn die Rezeption mal nicht besetzt war. Deswegen habe ich mir hier eine Adresse einrichten lassen. So habe ich das *frauenzimmer* kennengelernt.«

Iris erzählt schnell, beinahe atemlos. Oft wiederholt sie Wörter oder halbe Sätze, dann wieder sucht sie nach den richtigen Formulierungen und lässt sich von mir dabei auf die Sprünge helfen. »Genau!«, sagt sie dann. »So habe ich das gemeint!«

Vor allem während unseres längeren Gesprächs habe ich immer wieder den Eindruck, dass etwas in ihr brodelt, sie umtreibt, nicht zur Ruhe kommen lässt. Wenn sie über Ereignisse in ihrem Leben spricht, die sie wütend machen, klopft sie gereizt und in schnellem Tempo mit dem Nagel ihres Zeigefingers auf den Tisch, als würde sie ein Loch hineinhämmern wollen.

Schon als Kind hat Iris die Erfahrung gemacht, wie es ist, das Zuhause von einem Tag auf den anderen verlassen zu müssen.

Mit ihrer Mutter und den drei Schwestern musste sie zweimal vor der Gewalttätigkeit des Vaters ins Frauenhaus flüchten.

»Beim ersten Mal war ich noch sehr, sehr jung«, erzählt sie, »vielleicht sechs oder sieben, aber beim zweiten Mal schon älter, elf oder zwölf, daran erinnere ich mich noch gut, das war ja ein einschneidendes Erlebnis. Es kam dann irgendwann zu einem Gespräch mit meinem Vater, und daraufhin ist meine Mama wieder mit uns zurückgegangen. Das hat dann wohl auch eine Zeitlang gehalten, aber dann ging es wieder los. Mein Vater war sehr streng, sehr herrisch, alle mussten das tun, was er wollte. Wenn ich Kinder hätte, würde ich sie nicht so behandeln – das fängt schon bei Schlägen an. Gewisse Sachen sind bei ihm aus dem Ruder gelaufen. Es kann auch sein, dass ich einiges, was er uns angetan hat, verdränge, aber im Unterbewusstsein ist da etwas, das mich immer noch beschäftigt.«

Sie schluckt, räuspert sich, fährt dann fort:

»Meine Mutter war aber auch nicht immer korrekt. Wenn wir nicht gehorcht haben, hat sie uns in der Gästetoilette eingesperrt. Tür zu, Licht aus. Und wir mussten da im Dunkeln sitzen, bis unser Vater von der Arbeit nach Hause kam. Trotzdem war ich auf meine Mutter fixiert. Ich war ja die Jüngste, ich war ein richtiges Mama-Kind. Obwohl ich auch meinen Vater nicht gehasst habe, ich hatte ihn trotz allem lieb, nur ich wollte bei gewissen Sachen …«

Sie stockt, erzählt nicht weiter.

Im Untergeschoss des Mehrparteienhauses, in dem Iris mit ihrer Familie wohnte, gab es einen Partykeller, in dem sich ihre Eltern vor allem am Wochenende mit Freunden und Nachbarn trafen. Dort floss viel Alkohol. Dass ihr Vater Alkoholiker war, glaubt Iris allerdings nicht, zumal er einer regelmäßigen Arbeit nachging. Am Fließband bei einer großen Autofirma verdiente er recht viel, wirtschaftlich stand sich die Familie daher gut und war die einzige im Haus, die, wie Iris sagt, nicht von Sozialhilfe lebte.

»Wir konnten uns alles leisten, mussten nie zurückstecken. Wir bekamen die neuesten Spiele, Videorekorder und VHS-Kassetten. Ich hatte sogar einen eigenen Flipper! Und Tiere gab es bei uns zu Hause auch: grüne und blaue Wellensittiche und gelbe Kanarienvögel – die hießen alle Hansi oder Peter. Einen Hasen hatten wir auch mal, den habe ich immer aus seinem Käfig geholt, um mit ihm zu knuddeln. Ich war ja damals schon total vernarrt in Tiere.«

Gerne erinnert sich Iris auch an einen mehrwöchigen Familienurlaub in den Bergen, an einem See, an den einzigen Urlaub, den sie je in ihrem Leben gemacht hat:

»Das war echt schön. Wir alle zusammen: Meine Eltern, meine älteste Schwester Ute, Silke, die zweitälteste, Yvonne und ich. Wir haben Busfahrten unternommen, sind mit dem Schiff gefahren und viel gewandert. Oben auf den Bergen hatten wir diese herrliche Aussicht, und man hatte da das Gefühl, man könnte den Himmel berühren. Wir hatten alle die gleichen Schuhe an, das weiß ich noch. Und ich hatte einen Fotoapparat dabei und habe die ganze Zeit Tiere geknipst – Katzen, Kühe … Menschen habe ich nie fotografiert.«

Das gemeinsame Urlaubserlebnis, von dem Iris heute noch so schwärmt, konnte jedoch nicht darüber hinwegtäuschen, dass die Familie langsam auseinanderbrach. Silke und Yvonne wollten irgendwann nicht mehr zu Hause wohnen. Sie wandten sich ans Jugendamt und wurden, so Iris, anderweitig untergebracht.

Auf meine Frage, was die beiden zu diesem Schritt veranlasst habe, antwortet Iris: »Sei mir nicht böse, aber darüber möchte ich im Moment nicht sprechen. Vielleicht komme ich später noch mal darauf zurück.«

Iris' Schwester Ute zog kurze Zeit später mit ihrem Freund zusammen. Jetzt war Iris die Einzige, die noch zu Hause lebte. Bis sie vierzehn Jahre alt war, blieb es bei dieser Familienkonstellation, doch dann, als die Situation zu Hause wieder einmal eskaliert war, zogen sie und ihre Mutter zu Silke, die zu diesem Zeitpunkt bereits volljährig war und allein lebte.

»Ein Jahr lang, bis zum Tod meines Vaters, haben wir bei meiner Schwester gewohnt«, erzählt Iris. »Zwischendurch sind meine Mama und ich aber noch ein letztes Mal zu meinem Vater gegangen, um uns mit ihm auszusprechen.«

Während sie das damalige Geschehen schildert, muss sie sich mehrmals räuspern, weil ihr beinahe die Stimme versagt:

»Ich weiß noch, wir haben in der Küche gesessen, und auf der Waschmaschine lag ein Hammer. Da musste ich immer hingucken. Irgendwann hat mein Vater gesagt: Der Hammer liegt da, damit ich zuschlagen kann, wenn du mich angreifst. Heute glaube ich, dass er das nicht gemacht hätte. Aber als Kind kriegst du panische Angst vor deinem eigenen Vater, denkst: Was, wenn er wirklich zuschlägt? Ich bin dann in mein Zimmer gegangen und habe Musik gehört, auf meinem Walkman, habe aber immer wieder gelauscht, ob sie sich streiten. Haben sie aber nicht. Irgendwann bin ich abgehauen. Meine Mama hat später nichts zu dem Hammer gesagt, das fand ich merkwürdig. Ich glaube, sie wollte zu meinem Vater zurückkehren. Aber ich habe klipp und klar gesagt: Mama, ich gehe nicht zurück zu Papa! Letztlich sind wir beide dann erst mal bei Silke wohnen geblieben.«

1986 starb Iris' Vater an Nierenversagen. Sie und ihre Mutter zogen zurück in die Familienwohnung. Doch zwei Jahre später erkrankte die Mutter an Krebs und starb nach kurzer Leidenszeit ebenfalls. Daraufhin wurde Iris, mit siebzehn noch nicht volljährig, von ihrer Schwester Ute aufgenommen, die mittlerweile verheiratet war und ein Kind hatte.

»Ich war noch so jung und noch nicht richtig selbständig. Ich hatte überhaupt keinen Plan. Ich wurde sozusagen ins Leben geschmissen. Es hat auch niemand das Jugendamt informiert. Aber irgendwo musste ich ja hin mit meinen drei Katzen! Die Katzen hatte meine Mutter nach dem Tod meines Vaters angeschafft. Zwei davon hat Ute dann weggegeben – wahrscheinlich in eine Kiste rein und ausgesetzt. Aber meinen Jogi, den habe ich behalten!«

Als ihre Mutter im Krankenhaus gelegen hatte, war Iris irgendwann nicht mehr von ihrer Seite gewichen, war auch nicht mehr zur Schule gegangen.

»Ich wollte bei ihr sein. Das war mir wichtiger. Ich dachte, wenn ich meine Mama jetzt auch noch verliere …«

Sie fängt an zu weinen.

»Entschuldigung«, sagt sie mit belegter Stimme.

Ich tröste sie, sage ihr, dass sie sich für ihre Traurigkeit nicht entschuldigen müsse.

»Ich hatte so viele Todesfälle«, sagt sie und trinkt einen Schluck Wasser. Dann erzählt sie weiter:

»Meine Lehrerin ist eines Tages ins Krankenhaus gekommen und hat gesagt: Iris, ich kann verstehen, dass du Angst um deine

Mutter hast, aber du bist noch schulpflichtig. Komm bitte wieder zur Schule! Ich bin dann am nächsten Tag auch erst mal wieder hin. Das war eine Sonderschule. Meine Schwester Yvonne und ich hatten gewisse Einschränkungen. Aber wir waren ja nicht doof! Ich bin nie sitzengeblieben. Viele haben mich damals gefragt, warum ich eigentlich auf eine Sonderschule ginge. Ja, da hat man mich wahrscheinlich hingeschickt, weil ich manche Dinge nicht sofort verstanden habe. Nach der neunten Klasse habe ich dann das Abgangszeugnis bekommen. Danach habe ich vier Jahre lang beruflich gar nichts gemacht, nur ab und zu in einer Gaststätte ausgeholfen: Gläser abwaschen, Sachen auffüllen, solche einfachen Dinge halt.«

1992 begann Iris dann als Hilfskraft in einer Senioreneinrichtung zu arbeiten. Doch schon nach zwei Monaten legte ihr die Pflegedienstleiterin nahe, sich etwas anderes zu suchen.

»Sie hat gesagt, die Arbeit würde mir nicht guttun, ich würde mir das alles zu sehr zu Herzen nehmen, das sei kein Beruf für mich. Ich habe die alten Leute im Rollstuhl durch den Park geschoben, sie gefüttert oder ihnen die Haare gekämmt – leichte Sachen, bei denen ich nichts falsch machen konnte. Aber ich hatte ja intensiven Kontakt zu ihnen. Und manche sind gestorben. Das habe ich nicht ausgehalten.«

In dem Jahr lebte Iris noch bei Ute und deren Mann. Und auch Yvonne, die zweitjüngste der Schwestern, war inzwischen wohnungslos geworden und dort eingezogen. Nun lebten vier Erwachsene und ein Kind auf engstem Raum zusammen. Das konnte nicht lange gut gehen. Konflikte entstanden. Daher wandten sich Iris und Yvonne an das Amt für soziale Dienste und wurden nach einiger Zeit in eine Notunterkunft vermittelt, in ein Hotel für Obdachlose. Auch Kater Jogi nahmen sie mit.

»Ohne meinen Kater wäre ich sowieso nirgendwohin gegangen!«, sagt Iris bestimmt. »Ich weiß noch, als meine Mama gestorben ist, da habe ich geheult und mein Kater kam sofort an

und hat versucht, mich zu trösten. Er wusste ganz genau, wie es mir geht. Tiere waren in dem Hotel eigentlich nicht erlaubt, aber der Hausmeister hat ein Auge zugedrückt.«

Ein gutes Jahr wohnte sie in dem Hotel für Wohnungslose, bis sie von Yvonne, die inzwischen zu ihrem neuen Freund gezogen war, ein möbliertes Zimmer vermittelt bekam, in einer Wohnung, in der mehrere Leute zur Untermiete lebten.

»Das war zwar nur ein Zimmer, aber ich war froh, dass ich aus dem Siffhotel rauskam. Küche und Bad musste ich mir in der neuen Wohnung mit anderen teilen, aber das hat mich nicht gestört. Zum ersten Mal überhaupt hatte ich mein eigenes Reich! Kontakt unter den Mitbewohnern gab es kaum, jeder lebte für sich. Nur mit meinem späteren Ehemann habe ich mich angefreundet. Der war Armenier, der konnte kaum Deutsch. Aber wir kamen gut miteinander zurecht, und irgendwann wurde daraus Liebe.«

*Der Schwan*

*Ein Schwan zieht einsam und immer wieder seine Runden im Wasser.*

*Zwischendurch schaut er in den Himmel, so als würde er auf etwas warten. Als er schon kurz davor ist, das Wasser zu verlassen, sieht er endlich eine Menge anderer Schwäne auf sich zufliegen – und nicht nur das: Endlich kommt auch seine Partnerin wieder.*

»Weil mein Mann vor der Ausweisung stand, haben wir dann geheiratet. Ich konnte ja schließlich nicht mit ihm in Armenien leben! Aber eigentlich wollte ich damals noch gar nicht heiraten, das war viel zu früh für mich.«

Nach der Hochzeit zog das Paar in eine eigene Wohnung. Iris' Mann arbeitete als Wachmann, von seinem Gehalt konnten die beiden gut leben, brauchten keine Unterstützung mehr vom Amt. Zunächst lief auch die Beziehung gut, sagt Iris, doch nach circa einem Jahr begannen die ersten Streitigkeiten. Irgendwann flog ihr Mann dann nach Moskau, angeblich, um dort einen Onkel zu besuchen. Für seine Reise nahm Iris einen Kredit von 3000,– DM auf, den sie heute noch abstottert. Kurz nach seiner Rückkehr fuhr er erneut los, diesmal nach Polen, von wo er zwei Frauen mitbrachte, die er in der ehelichen Wohnung einquartierte. Eine der beiden gab er Iris gegenüber als seine Cousine aus, die andere als deren Freundin. Da er seinen Job inzwischen losgeworden war und auch Iris nicht arbeitete, wurde es für die beiden finanziell immer enger. Auch die zwei Frauen lebten auf ihre Kosten.

»Eines Tages tauchte dann ein Typ auf«, erinnert sich Iris, »und nahm eine der beiden mit. Ich habe noch gehört, wie mein Mann Geld für die Frau verlangt hat. Er hatte die Frauen im Kofferraum über die Grenze geschmuggelt! Das habe ich hinterher von der Polizei erfahren. Die stand nämlich kurze Zeit später vor unserer Tür, um meinen Mann abzuholen. Ich bin mitgefahren aufs Revier und habe eine Aussage gemacht. Ich habe alles gesagt, was ich wusste. Die Polizei konnte ich nicht anlügen, dazu hatte ich viel zu viel Angst. Das war ja Menschenschmuggel! Außerdem hatte ich da schon vermutet, dass die angebliche Cousine die Geliebte meines Mannes war. Und das stimmte auch!« Sie pocht zornig mit dem Fingernagel auf den Tisch. »Als er wieder zu Hause war, habe ich die beiden zusammen erwischt. Weil er der Polizei gesagt hatte, wo die andere sich aufhält, war er wieder freigekommen. Wirklich schlimm, dass ich mit so jemandem verheiratet war!«

Doch auch nachdem sie von den Machenschaften ihres Mannes erfahren hatte und nun wusste, dass er sie in der gemeinsamen Wohnung betrog, trennte sie sich nicht von ihm, sondern hielt zunächst noch an der Ehe fest.

»Ich kann auch nicht sagen, warum.« Iris schüttelt den Kopf. »Dann fing er sogar an, mich zu schlagen. Ich durfte keine kurzen Röcke mehr tragen und mich nur noch mit meinen Schwestern oder Freundinnen treffen. Zu Männern durfte ich gar keinen Kontakt haben. Einmal hat er mir sogar eine Pistole an den Kopf gesetzt und gesagt: ›Du verlässt die Wohnung jetzt nicht!‹ Da hatte ich endgültig genug. Außerdem hatte er vorher versucht, meinen Kater zu schlagen. Er mag mich ja schlagen, aber nicht meinen Jogi!«

2000 wurde Iris' Ehe schließlich geschieden. Schon zwei Jahre zuvor hatte sie sich von ihrem Mann getrennt und es durch einen Trick geschafft, dass er die Wohnung verlassen musste.

»Ich bin zu der Wohnungsbaugesellschaft und habe gesagt, dass ich alleinige Mieterin werden und meinen Mann aus dem Vertrag rausschreiben lassen möchte«, erklärt sie. »Das hatte man mir geraten. Und das war meine Chance. Ich bin dann mit dem Formular zu ihm hin, um mir das von ihm bestätigen zu lassen, habe gesagt: Du musst hier unterschreiben, das Amt braucht das, damit ich weiterhin Geld bekomme. Und er hat unterschrieben.«

Doch die Ereignisse in ihrer Ehe gingen an Iris nicht spurlos vorüber. Hinzu kam, dass Silke 2000 mit nur 34 Jahren überraschend starb. Iris war geschockt und trauerte um die Schwester. Zudem wurde ihr durch deren Tod erneut der Verlust der frühverstorbenen Eltern bewusst. Mit all diesen Gefühlen wurde sie nicht fertig. Sie begann zu trinken – erst nur hin und wieder, dann täglich.

»Weinbrand-Cola. Gleich die harten Sachen. Damals hatte ich das erste Mal ein massives Alkoholproblem. Überall in der Wohnung lagen die Schnapsflaschen rum. Außerdem habe ich nebenbei auch noch das hier gemacht. Zack!« Sie zeigt mir, wie sie sich den Arm aufgeritzt hat. »Das habe ich das erste Mal gemacht, als mein Vater gestorben war. Dann aber längere Zeit nicht mehr. Später wurde mir in der Therapie gesagt, dass das das Borderline-Syndrom ist.

2000 habe ich meine Probleme aber erst mal ohne Hilfe wieder einigermaßen in den Griff gekriegt, weil ich meinen Jogi noch hatte. Irgendwann habe ich gemerkt, dass ich ihn vernachlässige, ihm nichts mehr zu Essen gebe. Da habe ich mir gesagt: Ich kann doch meinen Kater nicht verhungern lassen! Jetzt muss ich was machen, jetzt muss ich schrittweise vom Alkohol runterkommen. Aber das habe ich nicht sofort geschafft, das war eine Sucht bei mir, der Körper hat nach Alkohol geschrien.«

Obwohl Iris damals nicht komplett die Finger vom Alkohol ließ, war ihr Problem damit in den darauffolgenden Jahren nicht mehr ganz so gravierend. 2004 fand sie einen Job in einer Cafeteria und ging nach einigem Zögern mit einem Arbeitskollegen eine Beziehung ein. Trotz mehrerer Trennungen im Laufe der Jahre ist sie mit dem Mann heute noch zusammen, eine Wohnung haben sich die beiden jedoch nie geteilt.

Nach zwei Jahren Arbeit in der Cafeteria wechselte Iris in die Küche einer Tagesstätte für psychisch kranke Menschen. Ihr

Leben schien geregelt. Doch nach dem Tod ihres Katers wurden die Probleme erneut größer.

»Am 7. November 2006 ist er gestorben. Da war er schon 19 ½ Jahre alt, aber trotzdem …«

Sie stockt, rührt in ihrem längst kalt gewordenen Kaffee.

»Als Jogi tot war, habe ich letztlich den Halt verloren, da kam alles wieder hoch, da habe ich wieder viel getrunken. Einmal bin ich sogar betrunken zur Arbeit gegangen. Danach habe ich den Job hingeschmissen, das ging nicht mehr. Ich habe dann auch wieder krass mit dem Ritzen angefangen. Einmal, als mein Freund und ich ziemlich viel Alkohol getrunken hatten, habe ich so tief geschnitten, dass alles voller Blut war. Im Krankenhaus musste die Wunde mit mehreren Stichen genäht werden.«

*Die Echse*

*Eine einsame Echse, die sich an einen Felsen im Meer klammert, spiegelt wider, wie ich mich manchmal fühle: allein. Die versucht, sich an etwas festzuhalten und hat Angst, loszulassen. So wie ich. Sei es eine Person oder eine Erinnerung.*

»Ich wollte mich damals nicht töten«, beteuert Iris. »Beim Borderline-Syndrom geht es darum, dass man sich nicht mehr anders zu helfen weiß. Man will sich einfach nur wehtun, sich für sein Versagen bestrafen. Dass ich mich so schwer verletzt habe, war ein Schrei nach Hilfe, hat mir die Psychologin später erklärt. Nach diesem Mal habe ich das nie wieder gemacht. Die Narbe am Arm, da, wo ich wirklich durchgeschnitten habe, wird mich immer an diesen Tag erinnern.«

Vom Amt für Soziale Dienste wurde sie, nachdem sie den Job aufgegeben hatte und im Krankenhaus wegen ihrer Schnittverletzung behandelt worden war, in eine Therapie vermittelt. Zwei Jahre lang ging sie wöchentlich zu einer Psychologin.

»Die Gespräche haben mir sehr gutgetan und mir auch geholfen, erst mal wieder vom Alkohol loszukommen. Obwohl ich sagen muss, dass ich auch heute noch nicht wirklich trocken bin. Die Psychologin damals war eigentlich für Wohnungslose zuständig. Ich hatte in der Zeit zwar noch meine Wohnung, aber Angst, sie wieder zu verlieren. Das hatte ich auch dem Amt so erklärt.«

2002 war Iris aus der Wohnung, in der sie mit ihrem Mann gelebt hatte, ausgezogen und hatte die ihrer Schwester Yvonne übernommen. Dort lebte sie vierzehn Jahre lang, bis es 2016 zu einer Räumungsklage kam.

»Meine Post muss abhandengekommen sein«, erklärt sie, »das war ja der Witz, sonst hätte ich das doch frühzeitig mitbekommen. Das Amt hatte mich fünf-, sechsmal angeschrieben, und weil ich mich bei denen nicht gemeldet habe, haben sie irgendwann die Mietzahlungen eingestellt. Damals habe ich schon in Huchting gearbeitet, dort, wo ich heute noch bin, in der Nachbarschaftshilfe. Und als ich eines Tages von der Arbeit nach Hause kam, war so ein Siegel an der Tür. Ich wollte aufschließen und kam nicht mehr rein. Ich habe dann bei der Wohnungsbaugesellschaft angerufen, und die haben mir gesagt: Ihre Wohnung wurde doch aufgelöst, Sie haben keine Miete mehr bezahlt. Da habe ich das erst mitbekommen. Jetzt stand ich plötzlich ohne Wohnung da!«

Erneut kam Iris bei ihrer Schwester Ute unter, die mittlerweile geschieden war und allein lebte. Sie quartierte sich in deren Wohnzimmer ein, schlief auf der Couch. Vier Jahre lang lebten die beiden so zusammen. Doch eines Tages, so Iris, verließ Ute von einem Tag auf den anderen die Wohnung.

»Im September 2020 ist sie abgehauen, ging auch nicht mehr ans Telefon. Yvonne hat mir dann erzählt, Ute wäre wegen mir ins Frauenhaus gegangen. Sie hat alles zurückgelassen, sogar ihre Papiere. Zu Dezember wurde die Wohnung dann gekündigt.

Ich wollte sie eigentlich übernehmen, weil ich sonst ja auf der Straße gestanden hätte, aber der Vermieter hat jemand anderen vorgezogen. Da bin ich dort abgehauen. Die Sachen habe ich größtenteils dagelassen, die gehörten ja meiner Schwester. Für meine persönlichen Dinge habe ich einen Stauraum angemietet, und eine Freundin hat mir mit dem Transport dorthin geholfen. Vom Amt habe ich dann eine Unterkunft in dem Hostel zugewiesen bekommen, über die *Kältehilfe*, es war ja mitten im Winter, und ich galt als obdachlos.«

Im Sommer 2022 fand Iris schließlich mit Hilfe eines Mitarbeiters vom Amt für Soziale Dienste eine neue Wohnung, was, wie sie sagt, aufgrund ihrer Schulden nicht leicht war.

»Da bin ich jetzt gelandet, das ist jetzt mein Reich.«

Sie steht auf und erklärt mir anschaulich und gestenreich, wie ihre Wohnung aufgeteilt ist, wo genau sich in den Räumen die Fenster, die Garderobe und die Waschmaschine befinden, wo das Sofa steht und das Regal, in dem sie Vorräte aufbewahrt.

»Ich fühle mich in der Wohnung wohl«, sagt sie, als sie sich wieder zu mir an den Tisch gesetzt hat, »und ich versuche, sie sauber zu halten, sodass man, wenn man reinkommt, sagen kann: Oh, die Wohnung ist aber schön sauber!«

*Mein Leben war bis jetzt wie …*

*… eine Wanderung über Berge und durch tiefe Täler. Ein Leben voll Trauer, Verzweiflung, Enttäuschung, Wohnungslosigkeit, Wut. Ein Leben aber auch voll Freude und Glück. Ich hatte das Glück, neunzehneinhalb Jahre mit meinem geliebten Kater verbringen zu können, der in den schwersten Zeiten meines Lebens dafür gesorgt hat, dass ich nie aufgegeben habe. Es macht mich glücklich, dass ich nach eineinhalb Jahren Obdachlosigkeit wieder eine eigene Wohnung habe. Und ich freue mich, dass ich einige liebe, nette Menschen kennengelernt habe, mit denen man etwas*

*Zeit verbringen kann. Da in meinem Leben aber nicht wirklich alles in Ordnung ist, würde ich es als 50 zu 50 bezeichnen.*

»Leider habe ich noch immer diese horrenden Schulden. Aber mein Traum ist, viel Geld zu sparen und einmal in meinem Leben nach Australien zu fliegen. Ansonsten habe ich keine großartigen Wünsche, ich bin bescheiden. Ich muss keinen Pullover für 100 Euro haben, da hole ich mir lieber einen für 12 Euro und ich muss auch keinen Mantel von Gucci für 500 Euro haben, sondern kaufe mir einen für 25 Euro. Aber Australien, das ist mein Ziel! Es gab dort ja diese verheerenden Buschbrände mit über einer Milliarde toter Tiere. Das war tragisch. Ich habe oft vor dem Fernseher gesessen und geheult. Die Tiere in Australien sind so süß, die Koalas und Kängurus. Vielleicht hätte ich sogar die Chance, einen Koala auf den Arm zu nehmen. Ich würde auch gerne mal mit einem Tauchlehrer am Great Barrier Reef tauchen – ich spreche das bestimmt falsch aus, aber du weißt, was ich meine – das wäre bestimmt ein unvergessliches Erlebnis. Und die Menschen in Australien sollen total offen sein. Mal andere Menschen … Und mal raus aus Deutschland, ein anderes Land kennenlernen. Das würde mir viel bedeuten.«

*Zuhause*

*Ein Zuhause hat man bei seinen Eltern, und wenn man irgendwann in seine eigene Wohnung zieht, dann hat man dort sein Zuhause. Ein Zuhause kann man auch im Urlaub haben, weil man dort eine schöne und glückliche Zeit verbringt. Man kann auch ein Zuhause in einem anderen Land haben und dort vielleicht ein neues Leben beginnen.*

## Anna Liga

### »Ich bin gerne unterwegs«

Anna Liga ist leidenschaftliche Skip-Bo-Spielerin. Wenn sie im *frauenzimmer* ankommt, packt sie schon nach kurzer Zeit die Karten auf den Tisch. Und sie findet immer Mitspielerinnen. Ganz vertieft sind die Frauen oft in das strategische Spiel, lassen sich auch dann kaum ablenken, wenn es unter den anderen Besucherinnen mal Streit gibt und lauter wird im Raum. Die Skip-Bo-Runde sitzt da wie unter einer Glasglocke.

Mit Anna Liga einen Termin für unser Gespräch abzumachen, ist nicht leicht.

»Ich bin eine vielbeschäftigte Frau«, sagt sie.

Zweimal die Woche betreut die 75-Jährige noch als Nachbarschaftshelferin eine alte Dame, regelmäßig besucht sie eine Freundin in Bremerhaven, und an den Wochenenden, wenn das *frauenzimmer* geschlossen ist, trifft sie sich mit Bekannten zum Plaudern und Kartenspielen.

Ins *frauenzimmer* kommt Anna Liga seit 2012. Damals befand sie sich in einer misslichen Lage, musste nach dem Tod ihres Lebensgefährten die Wohnung verlassen, in der sie zuvor jahrelang mit ihm gelebt hatte. Im *frauenzimmer* fand sie Unterstützung und ist seitdem regelmäßig hier zu Gast. Meistens bleibt sie bis nach dem Mittagessen.

Nach einigem Hin und Her schaffen wir es schließlich auch, uns an einem Nachmittag zu treffen. Die Besucherinnen haben das Café des *frauenzimmers* zwar schon verlassen, aber es ist noch keine Ruhe eingekehrt: Geschirrgeklapper. Stimmen. Eine der Mitarbeiterinnen räumt in der Küche die Spülmaschine ein, eine andere stimmt sich mit Melina ab, die zurzeit ihr Freiwilliges Soziales Jahr in der Einrichtung absolviert. Ich richte das Aufnahmegerät ein und bitte Anna Liga, noch etwas Geduld zu haben.

»Kein Problem«, sagt sie und macht die für sie typische beschwichtigende Handbewegung: Was soll's. Sie zieht den Mantel aus, hängt ihn über die Stuhllehne, setzt sich dann zu mir an den Tisch.

Anna Ligas Bewegungen sind bedächtig. In meiner Vorstellung hat sie sich ein schweres, schützendes Fell um die Schultern gelegt, unter dem sie in sich ruht. Ihr Gesicht ist rund und freundlich.

Ich notiere ihren Namen auf meinem Notizblock, frage sie, woher der Name Liga stammt.

»Den hat meine Mutter sich einfallen lassen«, antwortet sie. »Meine Mutter kam aus Litauen und mein Vater aus Lettland. Liga ist ein baltischer Name.«

Anna Liga spricht mit leichtem Akzent, der sich aber nicht auf ihre baltischen Wurzeln zurückführen lässt, sondern darauf, dass sie in Südamerika aufgewachsen ist.

Nachdem die Mitarbeiterinnen des *frauenzimmers* sich verabschiedet haben und Melina mir den Schlüssel für die Räumlichkeiten übergeben hat, kann ich endlich mit Anna Liga in ihre Geschichte einsteigen. Ich frage sie zunächst nach ihrer Familie, danach, wie ihre Eltern nach Deutschland gekommen sind. Aber sie weiß darüber nur zu berichten, dass es während des Zweiten Weltkriegs war.

»Meine Mutter ist mit ihren Geschwistern und meiner Großmutter in ein Dorf in der Nähe von Bremen gekommen. Ohne Vater. Sie war die Älteste und musste sich Arbeit suchen. Sie hat dann eine Stelle als Putzfrau bekommen, in Zeven, in einem großen Flüchtlingslager. In Zeven bin ich auch geboren, 1948. Über meinen Vater weiß ich nichts. Er ist kurz nach meiner Geburt nach England gegangen. Ich habe ihn nie wiedergesehen.«

Als Anna Liga ein Jahr alt war, wanderte die Mutter mit ihr nach Chile aus. Den Sohn aus einer früheren Beziehung, Anna Ligas drei Jahre älteren Halbbruder, ließ sie bei ihrer Familie in Deutschland zurück.

»Mit zwei Kindern hätte sie gar nicht auswandern dürfen«, erklärt Anna Liga. »Als alleinstehende Frau konnte sie nur ein Kind mitnehmen. In Chile hatte sie es dann zu Anfang sehr schwer, oh ja. Bei ihrer Ankunft kam sie erst mal in einem großen Stadion in Santiago unter, zusammen mit anderen

Auswanderern. Dann musste sie sich Arbeit suchen und alleine klarkommen. Sie hatte ganz viele Arbeitsstellen, wurde aber überall nur ausgenutzt. Manche Leute sind eben so. Aber dann hat sie eine Anstellung auf der Hazienda eines Farmers gefunden. Ab da wurde es besser. Auf der Hazienda bin ich auch aufgewachsen. Ein schönes Haus war das, ein Luxushaus. Im Badezimmer gab es nicht nur eine Wanne, sondern sogar ein Bidet! Aber meine Mutter musste hart arbeiten, die hatte es wirklich schwer. Sie hat nicht nur dem Herrn den Haushalt geführt, sondern auch im Stall mitgeholfen, kontrolliert, ob die Kühe richtig versorgt wurden und die Händler rechtzeitig die Milch bekamen. Oft ist sie schon gegen drei, vier Uhr in der Frühe aufgestanden. Doch mir ging es gut bei dem Herrn, und insgesamt gesehen, habe ich sehr gerne in Chile gelebt. Nur an meine Schulzeit in Santiago denke ich nicht so gerne. In der Klasse war ich die Außenseiterin, das einzige blonde Mädchen. Von meinen Mitschülern wurde ich oft als Nazi beschimpft. Ja, ja, Kinder können auch Rassisten sein. Und meine Mutter hat mich nicht getröstet, sondern gesagt: Wenn du noch einmal weinend nach Hause kommst, kriegst du Prügel obendrein.«

Als ich über diese Erziehungsmethode erstaunt bin, stellt Anna Liga klar:

»Meine Mutter musste so streng sein, weil sie mich alleine großgezogen hat. Sie musste für mich Vater und Mutter gleichzeitig sein, sonst wäre aus mir nichts geworden.«

Ob denn der Mann, für den ihre Mutter gearbeitet hat und in dessen Haus sie gelebt haben, eine Art Vaterersatz für sie gewesen sei, möchte ich wissen.

»Ja, ja, so in etwa«, sagt sie, aber es klingt nicht überzeugt.

Den Bruder nach all den Jahren endlich kennenzulernen und auch ihre Großmutter, die Tanten und Onkel, war der Grund, warum Anna Liga mit siebzehn zurück nach Deutschland wollte. Nach dem Tod des Farmers hatten Mutter und Tochter ein bisschen Geld geerbt, sodass sie sich die Reise leisten konnte. Die Mutter blieb zunächst in Chile, Anna Liga flog alleine nach Deutschland. Aber die Begegnung und das Zusammenleben mit ihrer Familie waren enttäuschend.

»Ich wurde von meinen Verwandten nie richtig akzeptiert. Für die war ich eine Ausländerin. Ich habe ja auch erst mal kein Deutsch gesprochen, nur Spanisch.«

Ob sie mit der Mutter auch Litauisch gesprochen habe, möchte ich wissen.

»Nein, immer nur Spanisch«, sagt sie und erzählt dann weiter: »Ich habe irgendwann große Sehnsucht nach meiner Mutter bekommen. Also bin ich nach einem halben Jahr wieder zurück nach Chile und habe sie überredet, mit mir zusammen nach Deutschland zu gehen. Wir sind dann aber nicht geflogen, sondern mit dem Zug bis Buenos Aires gefahren und dann weiter mit dem Schiff bis Genua. Vier Wochen waren wir auf dem Schiff. Das war toll! Diese Reise werde ich nie vergessen!«

Wirklich heimisch wurde Anna Liga in Deutschland aber auch im zweiten Anlauf zunächst nicht. Bei den Verwandten fühlte sie sich nach wie vor unwohl, die Jobs in verschiedenen Fabriken waren nicht das Wahre. Doch dann erhielt sie mit Anfang zwanzig die Möglichkeit, für ein Reiseunternehmen zu arbeiten. Bei der Bewerbung hatte sie mit ihren Spanischkenntnissen überzeugen können, und nach einigen Fortbildungen in Hannover wurde sie als Reiseleiterin eingesetzt.

»Von da an bin ich jahrelang durch die Welt gereist«, schwärmt sie. »Sogar in Hongkong und Bangkok war ich. Aber vorwiegend in spanischsprachigen Regionen. Allein zehnmal auf Menorca! Ich war immer unterwegs, habe viel gesehen, oh ja!«

Einen festen Partner hatte Anna Liga in dieser Zeit nicht. Erst als sie nicht mehr für das Reiseunternehmen tätig war, ließ sie sich auf eine Beziehung ein. Das war in den 90er-Jahren, in Hannover.

»Wir waren sogar verlobt«, erzählt sie. »Sechs Jahre war ich mit dem Mann zusammen. Aber er hat mich …« Sie stockt, sucht nach dem richtigen Wort. »Misshandelt«, sagt sie schließlich. »Geschlagen. Schlimme Sachen! Vor allem, wenn er getrunken hatte. Da habe ich mich oft im Schrank versteckt. Im ersten Jahr lief es noch ganz gut. Wir sind zusammengezogen und haben beide in einer Spielhalle gearbeitet, als Aufseher. Aber irgendwann ging es dann los: Er hat alles bestimmt, wollte, dass ich ständig in seiner Nähe bin, mit niemand anderem durfte ich mich mehr unterhalten. Mein Sparbuch hat er leergeräumt und meinen ganzen Schmuck gestohlen. Kriminell war das! Und betrogen hat er mich auch. Irgendwann wurde es mir zu viel, und ich bin abgehauen. Da hat er angefangen, meine Mutter zu terrorisieren, hat sie ständig angerufen und gefragt, wo ich bleibe, wo ich bin. Meine Mutter wusste, wo ich mich aufhielt, aber sie hat dichtgehalten. Ich bin dann aber noch mal zurück zu ihm. Ich meine, ich habe den Mann geliebt, hatte aber auch einen Hass auf ihn.

Am schlimmsten war es dann, als er mich eingesperrt hat, da habe ich richtig Angst bekommen. Bekannte hatten mich vorher schon gewarnt, dass er mir Gott weiß was antun könnte, mich sogar umbringen. Da bin ich über den Balkon abgehauen, bin geklettert und dann einfach gesprungen. Das war gar nicht so einfach, aber wenn man jung ist, schafft man alles.«

Bei der Erinnerung an ihr jüngeres Selbst muss sie lächeln, wird aber gleich wieder ernst und fährt fort:

»Gott sei Dank hatte ich diese Courage! Ich bin vor ihm geflohen. Und dann stand ich auf der Straße. Mit nichts. Gar nichts. Nicht mal eine Handtasche hatte ich dabei.«

Zunächst versuchte sie ihr Glück bei einer Bekannten. Weil die aber keinen Platz hatte, um sie aufzunehmen, lief Anna Liga die ganze Nacht durch die Stadt, durch die Straßen, traute sich nicht, sich irgendwo schlafen zu legen. Auch in der zweiten Nacht nach ihrer Flucht ging es so. Um sich etwas zu essen kaufen zu können, versuchte sie am Tage in der Innenstadt zu betteln.

»Aber mir hat keiner was gegeben«, sagt sie lachend, »ich war zu gut angezogen. Da habe ich wieder damit aufgehört.«

Auf einem Platz in der Nähe des Bahnhofs kam sie dann mit einem Mann ins Gespräch und schilderte ihm ihre Situation. An die Begegnung erinnert sie sich gern:

»Der war mal Seemann gewesen und sprach sogar ein bisschen Spanisch. Erst mal hat er mich zum Essen eingeladen, in eine Imbissstube. Dort habe ich nacheinander zwei Portionen Krakauer mit Pommes gegessen, so hungrig war ich. Dann hat er mich mit in die Pension genommen, in der er wohnte. Das war eine Notunterkunft für Obdachlose. Dort konnte ich ein Zimmer bekommen. Der Mann hat mich von der Straße geholt und mir auch immer mal wieder Geld zugesteckt. Ich habe mich dann aber auch selbst auf die Beine gestellt, bin zum Arbeitsamt und zum Sozialamt gegangen, das habe ich alles auf die Reihe gekriegt. Sogar einen neuen Personalausweis musste ich beantragen. Ich hatte meine Papiere in der Wohnung meines Ex-Verlobten gelassen und habe mich nicht getraut, sie dort abzuholen, weil ich Angst vor ihm hatte. Nachher sind wir aber im Guten auseinandergegangen, Gott sei Dank. Ich habe ihm alles überlassen, auch die Möbel, die wir gemeinsam gekauft hatten. Was er damit gemacht hat, weiß ich nicht, das war mir damals auch wurscht.« Wieder machte sie ihre Schwamm-drüber-Geste, winkt ab, was geschehen ist, ist geschehen.

»Ich war einfach nur froh, den Mann los zu sein!«, beteuert sie. »Ich bin eher ein passiver Mensch. Und gutmütig bin ich auch, kaum nachtragend. Bei Auseinandersetzungen, egal mit welcher Person, versuche ich, die Dinge klarzustellen, zu bereinigen, damit ich nicht mehr darüber nachdenken muss.«

Ein Dreivierteljahr wohnte Anna Liga in der Hannoveraner Notunterkunft. Dem Mann, der sie dorthin mitgenommen

hatte, ist sie heute noch dankbar für seine Hilfe, aber die Zeit in der Pension hat sie in keiner guten Erinnerung:

»Ich konnte mein Zimmer zwar abschließen, aber die Männer dort haben ständig bei mir angeklopft, haben versucht reinzukommen. Das war mir sehr unangenehm. Außerdem gab es oft Krach unter den Mitbewohnern, und es wurde laut herumgeschrien. Da konnte ich keine Ruhe finden. Deswegen war ich froh, dass ich nach einiger Zeit bei einer Freundin in Wiesbaden eine Stellung als Haushaltshilfe bekommen habe. Bei ihr und ihrer Familie konnte ich auch wohnen. Die Freundin kannte ich noch aus meiner Zeit als Reiseleiterin. Ihr Mann war Zahnarzt, und die beiden hatten drei Kinder.

Ich muss sagen, ich war ihr wirklich dankbar, dass sie mich aufgenommen hat, aber wohlgefühlt habe ich mich dort nicht. Ich hatte zwar ein eigenes Zimmer, habe aber alles Familiäre mitbekommen, auch intime Dinge. Das wollte ich eigentlich nicht. Außerdem hat die Freundin mich ausgenutzt. Ich musste im Haushalt alles erledigen, nur damit ich dort wohnen konnte. Bezahlt hat sie mich für meine Arbeit nicht, denn sie wusste ja, dass ich Geld vom Amt bekomme. Das war nicht richtig von ihr. Ja, ja, manche Leute wissen eben, wie man es macht. Aber egal, das ist vorbei, man soll auch vergessen und verzeihen können. Das war eben eine Erfahrung mehr in meinem Leben. Nach einem halben Jahr habe ich mir dann woanders ein Zimmer gesucht, außerhalb von Wiesbaden, in Idstein, im Taunus. Die Wohnung war im Keller, im Souterrain. Eineinhalb Jahre habe ich dort gewohnt. Da waren noch mehr Leute untergebracht. Das Zimmer war nicht schlecht, aber man musste sich das Badezimmer mit den anderen teilen und durfte nur zweimal die Woche duschen. Die Vermieterin war geizig. Außerdem hat sie uns regelrecht betrogen, da gab es später sogar einen Prozess. Egal. Trotzdem war es gut, dass ich bei meiner Freundin ausgezogen bin.«

Nach etlichen Jahren in Hannover und einem zweijährigen Abstecher nach Wiesbaden entschloss sich Anna Liga schließlich, nach Bremen zu ziehen. Ihre Mutter lebte dort mittlerweile in einem Seniorenheim, und Anna Liga wollte in ihrer Nähe sein. Bei einem ihrer Besuche in Bremen hatte sie zudem einen Mann kennengelernt, Robert, mit dem sie sich angefreundet und nach einiger Zeit eine Beziehung eingegangen war.

»Anfangs habe ich in Bremen in einem Ein-Zimmer-Appartement gewohnt«, erzählt sie, »weil ich erst mal schauen wollte, ob es mit der Beziehung wirklich klappt. Nach einem halben Jahr bin ich dann aber zu Robert gezogen, und wir haben quasi wie ein Ehepaar zusammengelebt, achtzehn Jahre lang, bis er 2012 gestorben ist. Nach seinem Tod gab es dann ein großes Theater. In unserer Wohnung hatte er Wohnrecht auf Lebenszeit gehabt. Der Mietvertrag war also erloschen, und ich selbst hatte keinen. Deshalb stand ich von einem Tag auf den anderen auf der Straße. Und die Wohnung musste aufgelöst werden, alle Möbel mussten raus. Das war ein Desaster! In dem Jahr bin ich zudem schwer erkrankt. Ich hatte Krebs. Schrecklich war das alles, schrecklich, schrecklich, schrecklich! So etwas möchte ich nie wieder erleben.« Sie schüttelt vehement den Kopf. »Gut, ich hatte zwar Freunde und Bekannte, die mir geholfen haben, aber trotzdem. Ich musste ja quasi noch einmal von null anfangen.«

In dieser für Anna Liga schwierigen Zeit erzählte ihr eine Freundin beim Frühstück in einer kirchlichen Begegnungsstätte für Menschen in Notlagen vom *frauenzimmer* und nahm sie ein paar Tage später dorthin mit. Seitdem gehört Anna Liga zu den Stammbesucherinnen des Cafés. Wenn sie Probleme hat, findet sie auch heute noch Unterstützung bei den Mitarbeiterinnen, mit den anderen Besucherinnen kommt sie gut klar, gibt manch einer Tipps oder übersetzt vom Spanischen ins Deutsche, da einige der Frauen, die im Tagestreff um Hilfe bitten, aus Lateinamerika stammen. Für Anna Liga selbst ist das *frauenzimmer* ein ruhender Pol, ein Ort, an dem sie immer willkommen ist.

»Zu Anfang war hier ja auch an Wochenenden geöffnet«, erinnert sie sich. »Wenn man nicht wusste, wo man hinsollte, ist man hierhergekommen. Sonntags war zum Beispiel immer Strickzeit, da haben wir viel Spaß gehabt.«

Zur Schreibwerkstatt kommt Anna Liga jedoch nur ein einziges Mal und nimmt an dem Nachmittag an einem Schreibspiel teil, bei dem die Frauen zu den Buchstaben ihrer Vornamen Begriffe finden sollen, die sie charakterisieren:

*ICH*

*A wie ANGEKOMMEN*
*N wie NETT*
*N wie NEUES SUCHEN*
*A wie ALLEINLEBEND*

*L wie LUSTIG*
*I wie INTERESSIERT*
*G wie GESCHMACK HABEN*
*A wie ARBEITSAM*

»Damals, als ich keine Wohnung mehr hatte«, erinnert sich Anna Liga, »hätte ich auch oben in der Notunterkunft ein Zimmer bekommen können. Aber das wollte ich nicht. Ich wollte es unbedingt alleine schaffen. Außerdem hatte mir Klaas davon abgeraten, ein Bekannter, der später dann mein nächster Partner wurde. Er hat gesagt: Geh da bloß nicht hin. Unter Frauen gibt es immer viel zu viel Blabla. Dass ich auf ihn gehört habe, war natürlich auch zu seinem Vorteil.« Sie lacht. »Er hat mir dann nämlich vorübergehend ein Zimmer in seiner Wohnung vermietet, und ich habe bei ihm geputzt und ihm die Wäsche gemacht. Dafür hat er mich allerdings auch bezahlt.«

Parallel dazu machte Anna Liga sich auf Wohnungssuche – und wurde recht schnell fündig. Ein Zufall kam ihr dabei zu Hilfe. Auf dem Markt traf sie einen Bekannten, der vorhatte, in Kürze bei seiner Freundin einzuziehen. Sein Ein-Zimmer-Appartement konnte sie schließlich übernehmen. Und da sie nach der Auflösung ihrer alten Wohnung kaum noch etwas besaß, überließ er ihr auch einen Teil des Mobiliars.

»Das ging alles reibungslos«, sagt sie, und es klingt so, als könne sie ihr damaliges Glück bis heute nicht fassen. »Die Sachen waren zwar nicht mehr die neuesten, aber das spielte keine Rolle. In solchen Momenten ist man ja erst mal froh, dass man überhaupt ein Bett hat.«

In dem Appartement lebte Anna Liga dann acht Jahre lang. Mit Klaas, der mittlerweile ebenfalls verstorben ist, führte sie in der Zeit zwar eine Beziehung, zog aber nicht mit ihm zusammen.

»In der neuen Wohnung war ich sehr glücklich«, sagt sie. »Ganz für mich alleine. Und die Nachbarn waren alle sehr nett,

da konnte ich mich nicht beklagen. Der Nachteil war nur, dass die Wohnung im dritten Stock war. Wenn ich meine Einkäufe hochgeschleppt hatte, war ich danach immer total kaputt. Deswegen habe ich 2020 das Angebot angenommen, in eine andere Wohnung zu ziehen. Die Frau, bei der ich damals Nachbarschaftshelferin war, hat das vermittelt. Ich musste mich schnell entscheiden, das ging alles Holterdiepolter. Aber eine schöne Zwei-Zimmer-Wohnung war das, im Haus der Vermieterin. Komplett möbliert. Deswegen habe ich meine Möbel und andere Einrichtungsgegenstände in der alten Wohnung gelassen. Meine Nachmieterin hat alles übernommen. Die Frau hatte vorher hier oben in der Notunterkunft gewohnt. Aber das Geld für meine Sachen habe ich bis heute nicht von ihr bekommen. Na ja, egal.«

Sie lehnt sich auf ihrem Stuhl zurück, atmet mehrmals tief ein und aus, so als hätte sie einen langen Fußmarsch hinter sich. Nach dieser kurzen Pause erzählt sie weiter:

»Das mit meiner neuen Wohnung war dann allerdings auch so eine Geschichte. Schon nach einem Jahr hat mir die Vermieterin wieder gekündigt, wegen Eigenbedarf, ihre Mutter sollte die Wohnung bekommen. Da war ich total platt. Das hat mir den Boden unter den Füßen weggezogen. Wie kann das angehen?! Schon nach einem Jahr! Da war ich ganz durcheinander. Eine Bekannte hat mir zwar geraten, gegen die Kündigung anzugehen, aber die Vermieterin und ihr Partner haben mir das Leben schwer gemacht, haben mich nicht mal mehr gegrüßt. Die wollten mich raushaben!«

Doch auch diesmal kam Anna Liga der Zufall zu Hilfe. Als sie mit einem Armbruch im Krankenhaus lag, lernte sie eine Frau kennen, über deren Vermittlung sie das Appartement bekam, in dem sie heute lebt. Das allerdings musste sie nun komplett neu einrichten. Außer zwei Schränken und ein wenig Geschirr, ihrer Kleidung und einigen anderen persönlichen Dingen, besaß sie nichts mehr.

»Schön wäre es natürlich, mehr Platz zu haben«, sagt sie, »die Wohnung hat nur 22 Quadratmeter. Aber erst mal lebe ich da gut und habe meine Ruhe. Es kann auch sein, dass ich demnächst schon wieder umziehe, in eine Senioreneinrichtung, ins Betreute Wohnen, ich bin deswegen schon mit der Caritas im Gespräch. Aber mein größter Wunsch ist eigentlich, ein eigenes Haus zu besitzen. Den Traum möchte ich noch verwirklichen. Vielleicht irgendwann …«

Anna Ligas zweitgrößter Wunsch ist, noch so lange wie möglich reisen zu können. Immer mal wieder fliegt sie nach Menorca, um dort Bekannte aus ihrer Zeit als Reiseleiterin zu treffen, mit einer Freundin macht sie Ausflüge und schon mal eine Städtetour. Aber vor allem besucht sie regelmäßig ihre Schulfreundin in Chile, deren Sohn ihr Patenkind ist.

»Seine Kinder sind wie meine Enkelkinder«, sagt sie und strahlt. »Wenn wir uns treffen, gibt es immer ein großes Fest. Dann sind alle willkommen!«

# Katharina

## »Ich hatte nie Raum für mich«

»Lesen und schreiben haben mich schon immer am Leben gehalten«, sagt Katharina. Seit einiger Zeit nimmt sie regelmäßig an der Schreibwerkstatt im *frauenzimmer* teil. Ansonsten kommt sie zum Tagestreff nur, um ihre Post abzuholen, niemals zum Essen oder Kaffeetrinken.

»Das Café gefällt mir schon«, erklärt sie, »aber es ist mir hier einfach zu aufregend.«

Zu den Workshops trifft sie daher erst kurz vor Beginn ein. Bevor sie sich zu uns in die Runde gesellt, desinfiziert sie sich am Eingang des Cafés jedes Mal sorgfältig die Hände.

Von dem Schreibangebot hat Katharina von Sharleen erfahren, die während ihres Studiums der Sozialen Arbeit vorübergehend eine Stelle im *frauenzimmer* hatte, und jetzt beim IBEWO ihr Anerkennungsjahr macht. Sharleen ist Katharinas Betreuerin. Die ersten beiden Male begleitet sie Katharina zum Workshop.

Katharina ist 38, wirkt aber wesentlich jünger. Sie ist klein und zierlich, trägt das schulterlange Haar meist offen und hat einen wachen und neugierigen Blick. Ihre Stimme klingt wie die eines Mädchens. Bei unserer ersten Begegnung musste ich an einen soeben aus dem Ei geschlüpften Vogel denken, noch ein wenig verwirrt und zerzaust, aber durchaus bereit, sich dem

Leben zu stellen. Wenn sie sprach, hielt sie sich verschämt die Hand vor den Mund: einer ihrer vorderen Schneidezähne fehlte.

Im Workshop wurde schnell klar, dass Katharina einen großen Drang hat, über sich und ihr Leben zu schreiben. Reflektieren und analysieren machen ihr Freude. Nach dem dritten Treffen frage ich sie daher, ob auch sie Lust hätte, mir ihre Lebensgeschichte zu erzählen.

»Gerne«, sagt sie, ohne zu zögern. »Ich war ja jahrelang eingesperrt, konnte mich erst Ende letzten Jahres, nach dem Tod meiner Mutter, befreien. Momentan tut es mir gut, darüber immer wieder zu sprechen.«

Unser Treffen findet jedoch erst ein paar Wochen später im Café des *frauenzimmers* statt, Katharina ist die Letzte meiner Gesprächspartnerinnen. Als wir uns an den Tisch unterhalb der Fenster zur Straße gesetzt haben, dorthin, wo ich bereits die Interviews mit den anderen sieben Frauen geführt habe, beginnt sie schon mit dem Erzählen, bevor ich das Aufnahmegerät überhaupt aufgebaut und eingeschaltet habe. Ich unterbreche sie, bitte sie, noch einen kleinen Moment zu warten.

»Upps!«, sagt sie, und wir lachen darüber, dass sie so eifrig losgeredet hat, es anscheinend gar nicht abwarten kann, über ihre Erlebnisse und Erfahrungen zu berichten. Sie scheint ein bisschen aufgeregt zu sein, ist aber guter Dinge.

»Nächste Woche kann ich schon in meine neue Wohnung«, erzählt sie glücklich. »Jetzt geht es bergauf!«

Momentan wohnt Katharina noch in einer Notunterkunft, in einer Pension, die ihr von der Zentralen Fachstelle Wohnen vermittelt wurde. Dort hat sie ein kleines Appartement für sich allein. Ihre intensive Suche auf dem freien Wohnungsmarkt blieb zunächst erfolglos, doch nun hat sie, ebenfalls mit Hilfe der ZFW, eine eigene Wohnung gefunden.

»Das ist der Wahnsinn!«, freut sie sich. »Ein Neubau, in der Überseestadt, ganz nahe an der Weser.«

Sie ist sichtlich froh und erleichtert, bald schon eine schöne Bleibe zu haben. Überhaupt wirkt sie heute wie ausgewechselt. Wie ich gleich bemerkt habe, hat sie in der Zwischenzeit auch ihre Zähne richten lassen. Ich spreche sie darauf an.

»Ich hoffe, es sieht gut aus«, sagt sie lachend, und ich bestätige ihr, dass der Zahnarzt offensichtlich gute Arbeit geleistet hat.

»Ja!?« Sie strahlt. »Der Zahn vorne war irgendwann abgebrochen, und ein paar Backenzähne waren kariös, die mussten gezogen werden. Ich hatte mich ja jahrelang nicht darum gekümmert, hatte mich aufgegeben. Das mit den Zähnen gehört für mich zu meinem neuen Grundgerüst dazu, zu meinem neuen Leben. Ich war ja all die Jahre klein und irgendwie so …«, sie beugt sich vor, zieht die Schultern hoch, »so zusammengekauert.«

Dann setzt sie sich wieder gerade hin. »Aber jetzt blühe ich auf! Sharleen sagt: Wie eine Blume.«

*Das verlorene Mädchen*

*Viele Jahre in der Dunkelheit*
*Eine offene Wunde, die langsam verheilt*
*Das Unmögliche ist möglich*
*Flug in die Freiheit*
*Eigene Entscheidungen*
*Der Sinn des Lebens*
*Alles beginnt jetzt*
*Hier und jetzt*

Katharina ist Einzelkind und bei ihrer alleinerziehenden Mutter in Bremen aufgewachsen. Die war bei Katharinas Geburt knapp vierzig und bereits verwitwet.

»Ihr verstorbener Mann war aber nicht mein Vater«, erklärt Katharina, »ich trage nur seinen Namen.«

Ihr Vater hatte, bis Katharina drei oder vier war, noch zur Familie gehört. Aber an die Zeit mit ihm kann sie sich kaum erinnern, ist sich nicht mal sicher, ob er überhaupt mit ihnen zusammengewohnt hat oder lediglich häufig zu Besuch war.

»Meine Mutter und er haben oft gestritten, sich angeschrien, das weiß ich noch. Sie passten gar nicht zusammen. Ich glaube, meine Mutter wollte unbedingt ein Kind, und er war gerade zur Stelle. Irgendwann war er dann weg. An eine Situation danach erinnere ich mich noch gut: Ich stand auf dem Balkon, und er ging unten vorbei. Als ich nach ihm gerufen habe, hat er hochgeschaut und gesagt: Ich darf nicht. Dann ist er weitergegangen. Es gab eine Kontaktsperre, wie ich später erfahren habe. Die beiden waren vor Gericht gewesen, weil meine Mutter ihn beschuldigt hatte, mich angefasst zu haben. Ehrlich gesagt, erinnere ich mich nicht daran, kann es weder bestätigen noch verneinen. Vielleicht hat mein Verstand das ja komplett gelöscht, weil ich noch so jung war.« Sie wiegt skeptisch den Kopf. »Jedenfalls ist es das, was meine Mutter mir erzählt hat, schon ganz früh, da war ich erst sieben oder acht. Und auch in der Familie hat sie es immer so dargestellt. Er war halt der Böse.«

Wenn sie von ihrer Familie spricht, und das tut Katharina oft, sind immer auch ihre mittlerweile verstorbenen Großeltern mütterlicherseits gemeint, die beiden jüngeren Schwestern ihrer Mutter nebst Ehemännern und die Söhne ihrer Tante Monika, beide Cousins sind mehr als zehn Jahre älter als Katharina.

»Wir waren eigentlich immer eine sehr innige Familie. Auch zu meiner Oma hatte ich ein enges Verhältnis. Sie war so, wie man sich eine Großmutter vorstellt: lieb, fürsorglich und auch ein bisschen streng. Ich habe sie einfach liebgehabt.«

Das positive, beinahe schon märchenhafte Bild, das sie von ihrer Oma zeichnet, bröckelt jedoch, als Katharina Folgendes erzählt:

»Nach der Geburt meiner jüngeren Tante haben meine Oma und mein Opa meine Mutter abgegeben, weil es mit drei Kindern zu eng in der Wohnung geworden war. Das war ja in der Nachkriegszeit, und es herrschte Wohnungsmangel. Meine Mutter musste also zu den Eltern meines Opas ziehen und ist dort dann auch aufgewachsen. Ich glaube, da hat sie den ersten Knacks bekommen. Später hat sie oft gesagt, sie fühle sich zu ihrer Familie nicht wirklich zugehörig. Meine Tanten haben erst als Jugendliche erfahren, dass meine Mutter ihre Schwester ist. Völlig verrückt eigentlich. Weil sie meine Mutter abgegeben hatten, haben meine Oma und mein Opa sich schuldig gefühlt, deswegen haben sie ihr auch immer wieder geholfen. Schuld ist ein Thema in unserer Familie.« Sie lacht auf, aber es klingt bitter.

Katharinas Mutter war von Anfang an nicht in der Lage, für sich und ihre Tochter ein stabiles und geborgenes Zuhause zu schaffen. Schon vor Katharinas Geburt hatte sie Schwierigkeiten damit, ihren Alltag zu meistern, hatte häufig finanzielle Probleme und musste dann, so Katharina, die Familie um Unterstützung bitten.

»Das hat sie aber immer erst gemacht, wenn die Kacke schon am Dampfen war«, sagt Katharina empört.

Wenn sie von ihrer Mutter spricht, bekommt ihre Stimme oft etwas Schrilles, beinahe Metallisches, dann rutscht sie vor bis zur Stuhlkante, ist angespannt, reibt ihre Hände, die Finger, als verspüre sie einen Juckreiz. Immer wieder schwankt sie zwischen Verständnis und Wut, vieles mag sie der Mutter nicht verzeihen.

»Als ich in der zweiten Klasse war, sind wir das erste Mal aus der Wohnung geflogen, weil meine Mutter die Miete nicht mehr bezahlt hatte. Sie hat sich um diese Dinge einfach nicht gekümmert, hat immer alles auf sich zukommen lassen. Als ich am Tag der Räumung aus der Schule nach Hause kam und aus dem Fahrstuhl stieg, habe ich gesehen, dass fremde Menschen in unserer Wohnung waren, rein- und rausgingen. Da war ich ein bisschen verängstigt und wollte schon bei den Nachbarn klingeln, habe mich dann aber doch getraut, reinzugehen. Meine Mutter war am Heulen und meine Tante Monika war da, um sie zu unterstützen. Die beiden haben mir dann nur gesagt, ich solle schnell das Nötigste einpacken. Ich wusste natürlich gar nicht, was los war! Das war vor Weihnachten, sie hatte schon Geschenke besorgt, die standen im Wohnzimmer, die hat sie dann aber gar nicht mehr mitgenommen. Bei einer Räumung hast du nicht allzu viel Zeit.«

Katharina stockt, und ich sehe ihr an, dass sie es ihrer Mutter heute noch übelnimmt, dass sie damals nicht mal an die Weihnachtsgeschenke gedacht hat, nicht an sie, ihre Tochter gedacht hat, nicht daran, wie schrecklich es für Katharina gewesen sein musste, ohne jegliche Vorwarnung von heute auf morgen ihr Zuhause zu verlieren.

Sie räuspert sich, sagt dann: »Ich habe also schnell meine Kuscheltiere eingepackt, die ich übrigens heute noch habe, und mein liebstes Spielzeug. Und dann sind wir raus.«

Nach der Zwangsräumung der Wohnung zogen Katharina und ihre Mutter zunächst in eine Notunterkunft, eine Pension, ähnlich wie die, in der Katharina zurzeit lebt.

»Meine Erinnerung daran ist ein bisschen schwammig.« Sie runzelt die Stirn, »Ich war ja noch so jung. Aber ich weiß noch, dass das eine ganz süße Dachgeschosswohnung war und dass es mir da gefallen hat.«

Vielleicht auch deshalb, weil die Wohnung sauber und ordentlich war, mutmaße ich, und Katharina nickt.

»Für mich war es zwar normal, wie wir gewohnt haben, aber ich wusste, dass es bei anderen nicht so ist. Meine Freundinnen durfte ich schon als Kind nicht mit nach Hause bringen, die hat meine Mutter weggeschickt, wenn sie vor der Tür standen. Das habe ich damals natürlich noch nicht verstanden.«

Schon bei einem unserer ersten Treffen in der Schreibwerkstatt hat Katharina mir anvertraut, dass ihre Mutter ein Messie war. Heute kann sie darüber offen reden, doch jahrelang hat sie das Problem verschwiegen, hat niemandem gegenüber zugeben mögen, dass sie und ihre Mutter in einer verwahrlosten Wohnung lebten, in einer Wohnung, die so vollgestellt war, dass es kaum noch ein Durchkommen gab, in der alle möglichen Dinge angesammelt und gehortet wurden und in Tüten und Taschen verdorbene Lebensmittel lagerten.

Ob sie denn niemals Besuch gehabt hätten, frage ich nach.

»Nein, nie! Meine Mutter war immer schon ein Messie, ich kenne es nicht anders.«

Nach außen hin versuchte Katharinas Mutter jedoch den Schein zu wahren, war gepflegt und gut gekleidet, ging zunächst Gelegenheitsjobs nach und arbeitete schließlich bis zur Rente in einem Seniorenheim, erst als Altenpflegehelferin, dann in der Küche. Anderen gegenüber zeigte sie sich stets hilfsbereit, sprang sogar ein, wenn jemand in der Familie erkrankte und daher Unterstützung im Haushalt brauchte.

»Da konnte sie das, nur nicht bei sich selbst, bei uns.«

Katharina klingt traurig, sie zuckt mit den Schultern. Und nach einer Weile, jetzt wieder etwas heiterer: »Ich mit meinem nicht vorhandenen Psychologiestudium würde mal behaupten, dass sie in ihrem eigenen Zuhause aus Verlustängsten an den Dingen so krampfhaft festgehalten hat. Weil sie als Kind ihre vertraute Umgebung und eigentlich auch ihre Eltern verloren hatte.«

In welchen Verhältnissen Katharina aufwuchs, war in der Familie ein offenes Geheimnis. Eingeschaltet haben sich die Großeltern und Tanten aber nicht. Später erfuhr Katharina, dass sie sich einmal zusammengesetzt und überlegt hatten, das Jugendamt zu benachrichtigen, um Katharina aus ihrer fatalen Lage zu befreien und sie eventuell bei sich aufzunehmen. Diese Idee wurde dann aber wieder verworfen. Darüber ist Katharina heute noch verwundert.

»Weil sie meiner Mutter nicht wehtun wollten!« Sie schüttelt den Kopf. »Dabei hätte ich gerne bei meiner Tante Monika gewohnt, da wäre ich sofort hingegangen! Weil sie mir damals nicht geholfen und mich nicht aus der verwahrlosten Wohnung geholt haben, fühlen meine Tanten sich bis heute schuldig.«

Von der Pension aus, in der Katharina und ihre Mutter nach der Wohnungsräumung untergebracht worden waren, zogen die beiden zunächst vorübergehend zu Katharinas Großeltern, schließlich aber wieder in eine eigene Wohnung. Nun musste Katharina die Schule wechseln, was ihr sehr schwerfiel.

»Ich war ein schüchternes und ängstliches Kind. Außerdem hatte ich irgendwann eine Blockade im Kopf, hatte Schwierigkeiten zu lernen. Daher bin ich dann in der vierten Klasse in eine Förderschule gekommen. Und kaum war ich da, konnte ich ein paar Wochen später lesen und schreiben! In dieser Schule habe ich dann auch meine Freundin Nicole kennengelernt.«

Zu Hause änderte sich nach dem Umzug in die neue Wohnung nichts: Wie gewohnt begann Katharinas Mutter wieder damit, Sachen anzusammeln und die Wohnung zu vermüllen. Dem häuslichen Dilemma entfloh Katharina, indem sie sich ihrer neuen Freundin eng anschloss, und nach Schulschluss regelmäßig mit zu Nicole nach Hause ging.

»Ich habe mich dort bald schon wie ein Familienmitglied gefühlt. In dieser Zeit ging es mir gar nicht so schlecht.«

Auch als Katharina nach ein paar Jahren mit ihrer Mutter nochmals umzog, diesmal in einen anderen Stadtteil, blieb die Freundschaft mit Nicole zunächst bestehen, da die beiden Mädchen weiterhin die gleiche Schule besuchten. Den erneuten Wohnungswechsel begründete die Mutter Katharina gegenüber damit, dass sie in der Nähe ihrer Eltern wohnen wollte.

»Angeblich …« Katharina zieht das Wort in die Länge. »Heute glaube ich, dass unsere zweite Wohnung auch zwangsgeräumt wurde. Ich wollte später nämlich noch mal hin, um ein paar Dinge rauszuholen, aber meine Mutter hat gesagt, das ginge nicht. Ich denke, das wurde alles weggeworfen, sie hat ja immer das totale Chaos hinterlassen.«

Auch in der nächsten Wohnung sah es nach einiger Zeit wieder so aus wie in den beiden vorherigen. Auf meine Frage, ob sie denn zumindest ein eigenes Zimmer gehabt hätte, antwortet Katharina zaghaft:

»Ja, schon … aber sie hat auch da immer wieder Sachen eingestellt, hat mich total eingeengt.« Und mit Nachdruck: »Ich hatte nie wirklich Raum für mich! Überhaupt habe ich mich zu Hause total unwohl gefühlt und irgendwann auch angefangen, mich zu ekeln. Sogar im Badezimmer und in der Küche war alles vollgestellt und schmutzig.«

Bei dem Gedanken daran schüttelt sie sich. Dann, beinahe flüsternd: »Ich habe deswegen schon als Jugendliche einen Waschzwang entwickelt. Irgendwie musste das ja kompensiert werden.«

Sie lächelt verlegen, schaut mich ein wenig hilflos an, und ich bestätige ihr, dass das sicher eine Reaktion auf ihre häusliche Umgebung war.

»Es klingt vielleicht bescheuert«, sagt sie, »aber manchmal denke ich, dass es bei mir genauso schlimm war wie bei Menschen, die im Krieg aufwachsen mussten.«

Wegen ihrer guten Leistungen konnte Katharina in der siebten Klasse von der Förderschule zur Hauptschule wechseln. Doch die erneute Veränderung tat ihr nicht gut. Sie entwickelte Ängste vor ihren Mitschülerinnen und Mitschülern, traute sich morgens manchmal gar nicht, den Klassenraum zu betreten.

»Ich dachte, wenn ich da jetzt reingehe, starren mich alle an. Das hat mir Angst gemacht. Also bin ich wieder gegangen.«

Sie zuckt mit den Schultern. »Obwohl ich richtig gerne gelernt habe.«

Da Katharina dem Unterricht immer häufiger fernblieb, wurde vonseiten der Schule das Jugendamt eingeschaltet, und sie bekam eine Betreuerin zur Seite gestellt. Die versuchte, mit ihr zusammen dem Problem auf den Grund zu gehen, begleitete sie sogar zur Schule.

»Die war supernett, aber ich konnte ihr gegenüber einfach nicht zugeben, in welchem Chaos ich leben musste, wie schrecklich es bei uns zu Hause war. Ich dachte, dann werde ich meiner Mutter weggenommen, und sie bekommt Ärger, und alles wird ganz furchtbar, dachte, die Leute machen sich dann bestimmt lustig über mich, werten mich ab, halten mich für irre.«

Sie schnappt nach Luft, hat vergessen zu atmen. Ich schlage eine kurze Unterbrechung vor, und wir gehen zu dem Tisch, an dem die Getränke für die Besucherinnen des *frauenzimmers* aufgebaut sind, schenken uns Kaffee ein. Während wir Milch und Zucker in unsere Tassen rühren, frage ich Katharina, ob sie eine längere Pause machen möchte. Aber sie schüttelt den Kopf, will gleich weitermachen.

Als wir wieder am Tisch sitzen, sagt sie leise: »Meine Mutter hat mich nicht einmal darum gebeten, unsere Situation zu verschweigen, aber ich habe intuitiv gewusst, dass ich darüber nicht reden durfte, habe genau wie sie, anderen gegenüber Gott weiß was für Ausreden erfunden, warum sie nicht mit in unsere Wohnung kommen konnten.«

Trotz der Unterstützung ihrer Betreuerin schaffte Katharina es nicht, ihre Ängste zu überwinden. Zudem verschlechterte sich ihre psychische Verfassung noch, als nach einem Streit mit Nicoles Stiefvater der Kontakt zur Freundin von einem Tag auf den anderen abbrach.

»Da habe ich meinen letzten Halt verloren, da bin ich total abgerutscht.«

Mit siebzehn wurde ihr daher ein Platz in der Kinder- und Jugendpsychiatrie zugewiesen, einer Klinik außerhalb von Bremen.

»Ich habe es ihnen dort aber nicht immer leicht gemacht«, erzählt Katharina. »Einmal bin ich vor lauter Panik total ausgerastet. Das war für mich damals die einzige Möglichkeit, mich auszudrücken. Auch den Therapeutinnen und Betreuern gegenüber konnte ich nicht zugeben, dass ich in einem Messie-Haushalt lebte. Einmal habe ich es sogar versucht, aber es hat nicht geklappt.« Sie stockt. »Das war die Scham«, sagt sie dann, und es klingt so, als sei »die Scham« eine ihr übelwollende Person gewesen, die ihr den Mund verboten hatte. Sie nippt an ihrem Kaffee, zieht die Schultern dabei nach vorne. Ich sage ihr, dass es mir leidtäte, dass sie sich damals niemandem anvertrauen konnte, ihre Last allein tragen musste. Sie nickt. »Ich habe immer total geblockt.«

In der Klinik fühlte sich Katharina insgesamt gesehen wohl, auch weil sie dort einen geregelten Alltag hatte, alles sauber und ordentlich war. Nachdem sie sich eingelebt hatte, durfte sie an den Wochenenden nach Hause fahren, nahm diese Gelegenheit jedoch nur ein einziges Mal wahr.

»Das war ein Fehler«, sagt sie. »Als ich in mein Zimmer kam, schlug mir schon ein übler Geruch entgegen. Im Raum standen überall Taschen voll mit Sachen, und auf meinem Bett lagen Jutebeutel mit verdorbenen Lebensmitteln. Da war ich nervlich schon gleich wieder am Ende. Ich musste erst mal mein Bett freiräumen, musste trotz dieser ekeligen Gerüche darin nachts schlafen. Das war furchtbar!« Sie schüttelt sich. Dann, wütend: »Sie wusste doch, dass ich komme! Nicht mal das hat sie für mich getan!«

Während ihres Aufenthalts in der Kinder- und Jugendpsychiatrie hatte Katharina aber auch ein Erlebnis, an das sie gerne zurückdenkt. Sie hatte wieder Kontakt zu ihrer Freundin aufgenommen, ihr mitgeteilt, wo sie war, und eines Tages kam Nicoles älterer Bruder Patrick unangemeldet zu Besuch.

»Dass er extra wegen mir die ganze Strecke mit dem Zug gefahren war, fand ich toll«, erzählt sie mit einem verschmitzten Lächeln. »Später habe ich erfahren, dass er vorgehabt hatte, mich da rauszuholen.« Sie lacht. »Wie im Film: der weiße Ritter! Aber wir durften nur kurz miteinander sprechen, dann ist er wieder von dannen gezogen. Ich war ja sowieso freiwillig da.«

Bis zu ihrem achtzehnten Geburtstag konnte Katharina in der Klinik bleiben, dann wurden die Kosten für ihren Aufenthalt von der Krankenkasse nicht mehr übernommen.

»Ich wäre sehr gerne noch geblieben«, sagt sie »aber jetzt war ich ja erwachsen, jetzt musste ich raus.«

Aufnahme fand sie bei dem älteren ihrer beiden Cousins, Kai, der mit Frau und Tochter in einem eigenen Haus lebte und ihr dort ein Zimmer zur Verfügung stellte. Katharina fand Ruhe, hatte auch hier einen geregelten Tagesablauf. Auf der Abendschule machte sie ihren erweiterten Hauptschulabschluss und ging danach direkt zur Realschule. Sie schmiedete Pläne für die Zukunft, überlegte, noch das Abitur zu machen und anschließend vielleicht eine Ausbildung zur Buchhändlerin. Auch die Freundschaft mit Nicole lebte wieder auf, und oft schloss sich Patrick jetzt den beiden jungen Frauen an.

»Er war meine erste Liebe«, sagt Katharina, und es klingt beinahe wie ein Geständnis. »Okay, da war nichts.« Sie lacht verlegen. »Es ist nichts passiert. Irgendwann habe ich ihm zwar gesagt, dass ich in ihn verliebt bin. Aber er hat mir einen Korb gegeben. Es gab schon jemand anderes in seinem Leben.«

Katharina erzählt lange und ausführlich von den Treffen mit Patrick und ihrem Liebeskummer, nachdem klar war, dass er ihre Gefühle nicht erwiderte. Lebhaft erinnert sie sich an viele Situationen und Details, so, als wäre das Ganze erst gestern passiert und nicht schon beinahe zwanzig Jahre her.

Ob sie denn später Partnerschaften eingegangen sei, Liebesbeziehungen gehabt habe, frage ich sie. Sie verneint.

»Das habe ich auch gar nicht vermisst. Patrick wäre mein erster Freund gewesen. Und dann gab es ja diesen Schnitt, dann war es wieder vorbei mit meinem Erwachsenenleben, dann war ich jahrelang out of order.«

Zwei Jahre lebte Katharina mit der Familie ihres Cousins zusammen, und die Chancen für ihre Zukunft standen in dieser Zeit gut. Ihre Mutter zahlte Unterhalt für sie, kam für einen Teil der Miete und Katharinas Verpflegung auf. Doch irgendwann stellte sie die Zahlungen ein, gab an, sie sich nicht mehr leisten zu können. Da Kai und seine Frau nicht in der Lage waren, die kompletten Kosten für sie zu tragen, und sie selbst keine Möglichkeit fand, das Geld für ihre Unterkunft bei ihnen aufzubringen, geschweige denn für eine eigene Wohnung, blieb Katharina nichts anderes übrig, als wieder zu ihrer Mutter zu ziehen.

»Um Sozialhilfe zu bekommen, war ich damals noch zu jung«, erklärt sie. »Natürlich hätte ich beim Amt angeben können, dass meine Mutter ein Messie war, dann hätten sie sicher eine Lösung für mich gefunden.« Sie stockt, sagt dann bitter: »Aber das habe ich wieder nicht geschafft. Ich wollte sie halt nicht in die Pfanne hauen.«

Von da an wohnte Katharina durchgehend mit ihrer Mutter zusammen, bis diese im vergangenen Jahr verstarb.

»Kurz nachdem ich wieder bei ihr eingezogen war, bin ich in eine Depression gerutscht. Es wurde mir alles zu viel. Deswegen habe ich auch die Realschule abgebrochen. Ich habe noch ein paar Bewerbungen geschrieben, aber nur Absagen bekommen. Da habe ich aufgegeben. Auch den Kontakt zu Nicole und Patrick habe ich einschlafen lassen, mich irgendwann bei niemandem mehr gemeldet und auf Anrufe nicht mehr reagiert, habe mich von allen distanziert, auch von der Familie, habe gedacht: Was soll's, die können sowieso nichts mit dir anfangen und du kommst hier eh nie mehr raus. Wie im Gefängnis habe ich gelebt!«

Katharina klingt jetzt verzweifelt, so, als stecke sie noch immer in dieser schrecklichen Situation fest, und ich rufe mir in Erinnerung, dass es nicht einmal ein halbes Jahr her ist, dass sie dem Ganzen entkommen ist.

Hat sie über ihre Kindheit und Jugend noch relativ flüssig berichtet, so fällt es ihr nun sichtlich schwerer, die Zeit aufzurollen, in der sie als erwachsene Frau mit ihrer Mutter zusammenlebte. Mehrmals spricht sie von der Schuld, die sie sich selbst lange Jahre für die Verwahrlosung der Wohnung gegeben hat und dafür, dass sie es nicht geschafft hat, sich dem Chaos entgegenzustemmen. Dann wieder bringt sie für ihr damaliges Unvermögen Verständnis auf, erklärt es mit dem desolaten psychischen Zustand, in dem sie sich all die Jahre befand, erzählt, dass ihre Zwänge, die sie nach dem Klinikaufenthalt mehr oder weniger unter Kontrolle gehabt hatte, wieder aufgelebt und ihre Panikattacken immer schlimmer geworden seien, so schlimm letztlich, dass sie ab einem gewissen Punkt die Wohnung gar nicht mehr verlassen konnte. Etliche Jahre setzte sie keinen Fuß vor die Tür. Aus Angst, sich draußen mit Keimen zu infizieren, aus Angst vor den Menschen, dem Leben. Katharinas Mutter sorgte für Lebensmittel und andere Dinge, die im Haushalt benötigt wurden. Ansonsten war von ihr keine Hilfe zu erwarten. Im Gegenteil.

»Sie hat mich kleingehalten, hat mich behandelt wie ein Kind, wollte lieber ein kleines Mädchen zu Hause haben als eine erwachsene Tochter. Und ich kam nicht gegen sie an. Sie hat mich festgehalten, mich an sich gebunden, hat verhindert, dass ich selbständig werde und rausgehe, hat gesagt, du kannst nichts, du machst alles falsch.«

So wie Katharina es darstellt, kamen der Mutter die Depressionen, Ängste und Zwänge ihrer Tochter gerade recht. So konnte sie sich mit Katharina in der Wohnung verschanzen und die Welt aussperren. Für Katharina und sich selbst therapeutische

Hilfe zu suchen, kam für sie nicht infrage, und schließlich wurde auch die Familie nicht mehr um Unterstützung gebeten, sondern komplett ausgeschlossen.

Einmal noch, vor zehn Jahren, zogen Mutter und Tochter um, aber auch in dieser letzten gemeinsamen Wohnung herrschten nach kurzer Zeit wieder katastrophale Zustände, breiteten sich Müll, Schmutz und Unordnung aus. Rechnungen wurden ignoriert, immer wieder wurde ihnen der Strom abgestellt. Doch nach dem Umzug konnte Katharina immerhin noch eine ganze Weile ihren eigenen Bereich verteidigen.

»Mein Zimmer habe ich in dieser Wohnung lange Zeit clean gehalten. Sie durfte es gar nicht betreten. Aber irgendwann wollte der Vermieter das Badezimmer renovieren lassen. Das war natürlich auch zugestellt. Und weil nirgendwo sonst Platz war, hat sie die Sachen alle in mein Zimmer geschafft. Da hatte ich meine letzte Bastion verloren, hatte nur noch mein Bett, einen Stuhl und einen kleinen Schreibtisch. Ich war komplett eingeschlossen!«

Sie schweigt, ist sichtlich aufgewühlt und den Tränen nahe, spricht dann aber entschlossen weiter:

»Ich hatte einfach keine Kraft mehr, mich dagegen aufzulehnen, hatte mich völlig aufgegeben. Teilweise saß ich da und habe geweint und mit dem Kopf gegen die Wand geschlagen.«

Sie holt tief Luft, und auch ich muss durchatmen, bin von ihrer düsteren Geschichte betroffen. Wir holen uns noch einmal Kaffee nach. Ich mache Katharina darauf aufmerksam, dass wir die Zeit vergessen haben, dass unser Gespräch nun schon einige Stunden dauert.

»Und ich halte mich schon kurz!«, sagt sie lachend.

Ob es denn auch Lichtblicke in ihrem Leben gegeben habe, wage ich hoffnungsvoll zu fragen.

»Na ja«, sagt sie. »Ich war viel im Internet. Das war meine Welt. In den Chatrooms habe ich auch Freunde gefunden.

Oder ich war mit Jenny in E-Mail-Kontakt. Jenny habe ich mit Anfang zwanzig auf einem Konzert kennengelernt, in der Zeit, als ich noch rausging. Sie ist bis heute meine beste Freundin. Außerdem habe ich viel gelesen, geschrieben und Musik gehört, Video-Spiele gespielt und Serien geschaut. Dadurch ist mein Verstand wach geblieben. Und das alles hat mich überleben lassen. Ich war ja all die Jahre immer alleine. Immer!«

*Wie Schmetterlinge*

*Uns verbindet so viel*
*Das, worum wir kämpfen*
*Das, was uns glücklich macht*
*Wir sprechen dieselbe Sprache*
*Trösten uns in dunklen Stunden*
*Fühlen uns*
*Wir sind wie Schmetterlinge*
*Wirken zart und zerbrechlich*
*Sind aber stark und unabhängig*
*Stellen uns unseren Ängsten*
*Wir wissen, was wir wollen*
*Sind ganz bei uns selbst*

*Jenny is my person*
*She will always be my person*

Vor etwa fünf Jahren wagte Katharina wieder erste Schritte nach draußen. Sie suchte ihren Hausarzt auf, der sie an eine Neurologin überwies. Seitdem nimmt sie Antidepressiva.

»Über meine eigentlichen Probleme konnte ich zwar immer noch nicht sprechen, aber durch die Medikamente habe ich wieder mehr Licht gesehen, Selbstbewusstsein und Stärke erlangt.

Ich bin dann öfter mal spazieren gegangen, habe den See bei uns in der Nähe umrundet, im Sommer wie im Winter, einfach, um rauszukommen.«

Als ihre Mutter 2020 krank wurde, verschlechterte sich Katharinas Situation wieder, wurde nach und nach immer unerträglicher. Die Mutter hatte, wahrscheinlich weil sie starke Raucherin war, offene Beine, wollte aber den Rat des Arztes, ins Krankenhaus zu gehen, nicht befolgen. Eine ambulante Versorgung kam für sie ebenfalls nicht infrage, da die Pflegekraft in die verwahrloste Wohnung hätte kommen müssen. Also musste Katharina die Wunden versorgen.

»Es wurde von Tag zu Tag schlimmer«, erinnert sie sich. »Erst waren nur die Beine betroffen, dann auch die Füße.« In Gedanken daran verzieht sie angeekelt das Gesicht. »Das roch auch.« Sie schüttelt sich. »Furchtbar! Ich habe nur noch funktioniert, um das hinzukriegen.

Meine Mutter hat zu der Zeit schon im Wohnzimmer geschlafen, halb im Sitzen, sodass sie die Beine gar nicht richtig hochlegen konnte. Ihr Schlafzimmer war komplett zugestellt, auch das Bett, da ging gar nichts mehr. Aber mein Bett wollte ich ihr auf keinen Fall zur Verfügung stellen, das war das Letzte, was ich noch hatte. Wenn es mir schlecht ging, habe ich darin gelegen, mit meinen Kuscheltieren, und Entspannungsmusik gehört. Das war mein Safe Place. Den konnte sie mir doch nicht auch noch wegnehmen!«

Eines Nachts, Katharina wollte gerade nach ihr sehen, brach die Mutter auf dem Weg zur Küche zusammen, war kaum mehr ansprechbar. Also wählte Katharina den Notruf. Ihre Mutter wurde ins Krankenhaus gebracht. Völlig aufgelöst fuhr Katharina im Rettungswagen mit.

»Ich habe die ganze Zeit geheult und mir schwere Vorwürfe gemacht, dass ich nicht schon vorher einen Arzt gerufen hatte. Aber sie hatte es mir strikt verboten! Sie wollte nicht, dass irgendjemand in die Wohnung kommt und sieht, wie verwahrlost alles ist.«

Katharina ist aufgebracht, ihre Stimme überschlägt sich beinahe.

»Im Grunde wollte ich sie doch nur schützen!«

Sie steht auf, schenkt sich erneut Kaffee ein, setzt sich dann wieder zu mir an den Tisch und schließt beide Hände um die Tasse, das warme Porzellan.

»Das war der Wendepunkt in meinem Leben«, sagt sie, und jetzt klingt ihre Stimme wieder ruhiger. »Zu der Ärztin, die im Krankenhaus mit mir gesprochen hat, habe ich gesagt: Ich will auf keinen Fall zurück in die Wohnung! Wir haben dann meinen Cousin Kai angerufen. Obwohl wir uns jahrelang nicht gesehen hatten, ist er sofort gekommen und hat mich abgeholt. Genau wie die Sanitäter und die Ärztin hat er mich beruhigt und gesagt, dass ich an all dem keine Schuld habe.«

Ein paar Tage später starb Katharinas Mutter an einer Sepsis. Ich frage sie nach der Trauerzeit. Sie zögert. »Gar nicht … also … Ich musste natürlich die Beerdigung organisieren. Weil ich mich gegen einen Trauerredner gesträubt habe, gab es Ärger in der Familie, aber das war mir egal. Ich wollte einfach nicht, dass jemand lauter positive Dinge über meine Mutter sagt, und ich stehe daneben und denke nur daran, was sie mir alles angetan hat. Damit sie ihre Ruhe hat, habe ich mich nie jemandem anvertraut. Sie hat mir quasi mein Leben genommen. Wegen ihr habe ich so viel verpasst! Und jetzt muss ich sogar in Privatinsolvenz, weil sie Sachen auf meinen Namen gekauft und mir einen Haufen Schulden hinterlassen hat. Da fällt es mir wirklich schwer, zu trauern. Ihr Tod war für mich eine Befreiung.«

Bis Katharina in die von der ZFW vermittelte Pension ziehen konnte, wohnte sie wieder bei Kai. Nur wenige Male noch kehrte sie in die Wohnung zurück, in der sie die letzten Jahre mehr oder weniger eingeschlossen gewesen war, holte die für sie nötigsten Dinge heraus: Papiere, Bücher, Filme, CDs und ihre geliebten Kuscheltiere. Der Rest wurde entrümpelt. Nun wartet sie fieberhaft darauf, ihre erste eigene Wohnung beziehen zu können, ist voller Elan und Tatendrang. Auf ihrem Smartphone zeigt sie mir stolz Fotos von den noch leeren Räumen, schwärmt von dem schönen Holzfußboden und der Lage der Wohnung.

»Da habe ich wirklich Glück gehabt! Überhaupt fange ich jetzt an, das Leben zu genießen, beginne, wieder etwas zu spüren, nehme die Natur um mich herum wahr und die Farben. Ich gehe an der Weser spazieren, komme hierher zur Schreibwerkstatt, besuche Lesungen und klassische Konzerte. Neulich war ich sogar auf einem Musikfestival!«

*Nach all den Jahren …*
*… bin ich interessiert am Leben und am Abenteuer, an Neuem und Altem, bin unzerstörbar, habe eine Haut wie ein Drache – sie beschütze meinen Verstand, meine Seele.*

*Ich bin Autorin, Worte und Sätze definieren wie ein Puzzle mein Denken und Leben, sind meine einzige wahre Liebe.*

*Jung geblieben bin ich im Geiste, mit dem Wunsch nach Leben, Freiheit. Wie ein Wal, der endlich zurück ins offene Meer schwimmt, zu seinen Artgenossen.*

*Ich bin empfindsam und dankbar dafür, es noch sein zu können, nach all den Jahren im seelischen Kerker.*

Was sie nun für Pläne für die Zukunft schmiede, frage ich sie, was noch so alles auf ihrer To-do-Liste stünde.

»Ich möchte gerne eine Ausbildung machen, im EDV-Bereich. Oder noch lieber: in einer Bücherei arbeiten oder in einem Archiv. Ich liebe Bücher! Gerade lese ich die Klassiker rauf und runter: Shakespeare, Kafka, Jane Austen. Ansonsten: Geige lernen, Indoor-Klettern, Nicole wiedersehen, Jenny treffen. Vielleicht irgendwann mal einen Partner haben. Eine Psychotherapie machen, auf jeden Fall. Vor allem möchte ich in Zukunft eigene Entscheidungen treffen, nicht mehr bevormundet werden.«

Sie denkt einen Augenblick nach.

»Ja, und Indoor-Fliegen würde ich gerne mal ausprobieren. Das finde ich faszinierend, denn dazu braucht es Mut.«

Deine Flügel ausbreiten und losfliegen, sage ich.

»Ja! Genau!« Sie lacht, laut und voller Freude.

# Anhang

## Im Buch genannte Institutionen, Träger, Initiativen

Andocken / [Dock]11 – Anlaufstelle / Tagestreff für junge Menschen zwischen 18 und 25 Jahren, gefördert von verschiedenen Bremer Initiativen

Bremer Werkgemeinschaft GmbH – Einrichtung für betreutes Wohnen in Bremen, berät, betreut und begleitet Menschen mit psychischen Erkrankungen

Die Bremer Suppenengel – Initiative für Obdachlose und Bedürftige e. V.

Intensiv Betreutes Einzelwohnen (IBEWO) der Wohnungslosenhilfe der Inneren Mission in Bremen – ein ambulantes Angebot für Menschen mit sozialen Schwierigkeiten

Kältehilfe der Diakonie – für wohnungslose Menschen bundesweit in den großen Städten organisiert, versorgt sie mit heißen Getränken, Decken und Schlafsäcken, bringt sie zur Übernachtung in Notunterkünfte

Mädchenhaus Bremen gGmbH – Anlaufstelle und Notunterkunft für Mädchen und junge Frauen, die von psychischer, physischer und /oder sexualisierter Gewalt betroffen sind

Notunterkunft für Frauen der Wohnungslosenhilfe des Vereins für Innere Mission in Bremen

Tagestreff *frauenzimmer* der Wohnungslosenhilfe des Vereins für Innere Mission in Bremen – Anlaufstelle für wohnungslose und andere in Not geratene Frauen

Wohnungslosenhilfe des Vereins für Innere Mission in Bremen –eine Initiative für von Wohnungslosigkeit betroffene oder bedrohte Menschen

Zentrale Fachstelle Wohnen (ZFW) – eine gemeinsame Beratungsstelle verschiedener Träger und des Amtes für Soziale Dienste Bremens